I0232849

ПОСЛЕ ПРОШЛОГО

стихи

Ангелина Литвинова

Signalman Publishing

ПОСЛЕ ПРОШЛОГО
(Second Edition)
By Ангелина Литвинова

Signalman Publishing
www.signalmanpublishing.com
email: info@signalmanpublishing.com
Kissimmee, Florida

НАПЕЧАТАНО В США
PRINTED IN THE UNITED STATES OF AMERICA

ISBN: 978-1-940145-41-9 (paperback)

Signalman
Publishing

Глава 1

ПРОШЛОЕ

«Мы вчерашние…
на земле мы тень»
(книга Иова 8:9)

Кто был « ни кем», тот «всем» не станет
За миг породу не исправить.
Не силы .ни ума не хватит в том,
Кто был «совком», не станет королём.
Хоть облетит он статую Свободы
(Спихнувши в нищету народы),
Грехи его не канут в воду…
Ворует новая « дем.знать»,
На старые режимы всё кивая…,
Что дескать уж страна была больная,
Когда их к власти вывела кривая.
У новых русских стал режим простой…
По воскресеньям в церковь, на причастие,
А всю неделю на разбой.
И ждёт ленивый наш народ,
Когда придёт удач черед,
Когда братки друг друга перебьют,
Когда насытившись, как блохи опадут
От тела добродушного Ивана…
Спаси ты Бог Ивана от обмана.

Печали птица -
                    «Алкалос»,
Надежды -
        «Феникс» сладкозвучный.
Он светом ярости святой
Пронзает мрачной жизни тучи.
И «Гамаюн» -
                    он радости певец...
Вот птицы, что
                Россию   охраняют...
Но часто видно,
                вместе часто   запевают...
Друг другу
                        не внимая...
И Гамаюн
                        печально умолкает.
Тогда в России
                        стон   сердец
Все песни птиц
                        перекрывает

Нависают серой ватой облака.
Изгибается в раздолье
Быстрая река.
Веселятся в тёплых лужах
Капельки дождей.
Подмосковное приволье
В Саввинском мирке.
Вспоминаю это с болью,
Что осталось в далеке
Всё уже в далёком прошлом
Будто не моём.
Снова в мире грубом, сложном
Будто не моём.
Там мы с доченькой вдвоём.
Среди трав душистых. пышных.
Пенье птиц над речкой слышно.
Вспоминается с блаженством
Аромат густой.
Как порою не хватает
Радости такой.
Там текли минуты долго,
Там настрой святого долга
Славить Бога за покой

Деревня Грузино.
Где граф известный Аракчеев
Свои чудачества творил.
Над ней поколдовал
Другой - усач «кумир».
Среди лесов
                густых и звонких .
Туда я бегала девчонкой.
Я помню два
              добротных дома.
В них   дедушки
             сестра   жила.
Деревня тихо умирала,
           почти безлюдною была.
Там революции и войны
           метлою смерти подмели.
Ну почему над лихом мы не вольны?
Ну почему себя отцы не берегли?
За кем слепые вы пошли?

Я сижу у окна деревенского дома.
Не в России. а в Штатах…
В граде так схожем с проклятым Содомом.
Вот гроза первый раз прогремела.
 Прошлогоднюю ветер гоняет листву.
Я сегодня впервые без дела…
Из окна я……. на детство гляжу.
Помню маленький домик
            и окно на восток.
А на кухне на запад,
               полнит память листок.
Слышу бабушка молвит «моя милая дочка».
Девочка Аня с русой длинной косой,
Мне цветы «лапоточки» приносила
Не редко из чащи далёкой лесной.
Часто снится мне домик
           такой добрый и скромный.
Не захлопнуть мне «томик»,
Что про детские годы.
Уже старенькой стала эта девочка Аня.
Да и доброй бабули давно нет уже с нами.
Этот домик разрушен и вырос там лес.
И никто не нарушит тишину этих мест.
Только память моя всё блуждает по лесу.
Грустно ищет останки далёкого детства

Скучно жить   если
                света «чуть свет».
 Страшно жить
            если скуден обед.
Трудно жить
            коль не «Лад» кругом.
 Если мир сожгли
                воровским огнём.
 И нужда в карман
            и обман, и брань.
 Ты Россия моя,
            распустила рвань.
По дорогам твоим
            голод мыкает.
По лесам твоим
            горе укает.
По глазам твоим
            слёзы катятся.
Да «цари» твои
            много тратятся
На утеху себе.
Ненасытен их род.
И печалится и кручинится
            добрый твой народ.

Где купили родословную?
На «Апраксином рынке»?
Иль с прилавка   на «Новой Ордынке»?
 Иль в сельмаге
          с селёдкой и мылом вонючим?
На вокзале ль в дешёвом
          буфетике скучном ?
Родословную чистили :
          кто от чистых кровей,
          кто от генов преступных
          отцов, матерей.
И как будто гостили на земле окаянной.
Забывали родство, забывали Иваны.

Головы «садовые», глупые, бедовые.
Каждому российскому мужику даны.
Пьяницы проклятые, иждивенцы клятые.
Мрачные и грубые,грязные их рты.
Их рубахи сальные.
Лживые, нахальные, матерные речи,
Злобные преступные дела.
На беду всем людям мать их родила.
Глупые бездельники - Дьявола подельники.
Ох и трудно бабоньки жить в такой Руси.
Женщин края клятого, Боже упаси!

Товарищ Соков
       из деревни псковской
Стал в эпоху коммунистов
         властным   жителем
               московским.
Посчитав себя большим,
Стал тот хам непобедим.
Биографию исправил …
          и отрёкся от села.
Где его растили дали,
Где годами без надежды
Мать несчастная ждала.
Сокову не нужны дали
И овины и луга.. .
И орлы, что распахали
Над лесами небеса.
Он большой, и грудь в медалях.
О деревне нет печали.
Сыт, одет и вина пьёт…
И плюёт он на народ…
Окаянный его род

Страх и спешка внутри.
Успокоиться хочется.
Я из скучного дома
Убегаю в отрочество.
Где жила без забот,
Зная долг свой - учиться
Там ни боль, ни тоска
В сердце к нам не стучится.
Утром снежною тропкой
В нашу школу спешила.
Нас она хорошо принимала
И жизни учила…
Там ни планов, ни страха,
Там ни взлетов, ни краха.
Там лишь игры и смех.
Там не жил ещё грех.
Видно Бог был там рядом…
Нам отрочества годы
От бога награда.

Мы росли среди строгих и стройных
Нешумливых сосновых лесов.
Их стволы возвышались как боги
Среди пестрых, душистых лугов.
Вспоминала я в долгой разлуке
Как смотрела часами подряд
На их ввысь вознесённые «руки»,
На простой, неизменный наряд,
Одетый не на «парад».
Они сторожили растущих,
Беззаботных, заводских детей.
Терпели тихо, молчаливо
Шуи и гам их игривых затей.
Уже мы бабушками стали,
Но исполины не устали.
Стоят и берегут детей
От лихолетий роковых столетий

Нет в этом маленьком местечке
На 10 тысяч поселян
Ни синагоги, ни мечети, ни церкви
Для иных мирян.
А люди там друг другу верят,
В домах не закрывают двери.
Когда беда всегда помогут.
И много лет «шагают в ногу».
Живут друг друга уважая,
Национальностей не зная,
Когда была жестокая пора,
Всех не щадившая война,
В посёлок съехались евреи
С охваченных грозою областей.
И в детский сад отдав детей,
Трудились на заводе «матерей»
И моя маленькая мама
Портного пятое дитя,
Трудилась, жизни не щадя.
В войну детишек сохраняла,
Свой детский сад душою защищала.
Я думаю, что вспомнят добрым словом,
Те ,выжившие под её покровом…
Гулько и Кеслер, Ивановский и Гофмейстер.
Мы дети сада жили дружно, тесно…
В любви родительской
И играх интересных.

Посвящали все ему
          песни и сказанья.
И теперь пришёл черёд
          моего признанья:
«Ты магнитной силой пенья,
Уплотняешь тишину,
Звоном трелей бесконечных
Прославляешь ты весну».
Я впервые услыхала
Дивных звуков переплёт,
Когда девочкой бежала
К маме в «дальний огород».
Замерла под этим звуком,
Будто мир открылся мне.
До сих пор я часто слышу
Трели чудные во сне.
Вижу – лес, поляны, ветер,
Всё утихло не дыша,
Слыша жаворонка песню,
Что звонка и хороша.
В жаркой выси в синем счастье
Малой точкою висит
И о том, что жизнь прекрасна,
Сладкой трелью говорит.
Этот миг из детских лет
Озарил мне жизни век.
Осенил как Бога свет.

Я к соснам из детства хочу,
К песку золотому, горячему.
Туда я душой полечу.
Билет мой смертями оплачен.
Лежит за оградой чугунной
Поддержка моя и опора.
Там весь мой семейный совет:
И брат, и сестра, и родители
Уснули и тихо лежат.
Их больше никто не обидит.
Они ни чего не хотят.

Луна,звезда и чайка на сумеречном небе.
Я одна, печальна, где ты счастье? Где ты?
Звезда мерцает в тёмном море,
 Луна лежит краями вверх и чайка бьётся.
С ветром споря, я прячусь в тёплый мех.
Нет никого, кто мог бы луне гримасу
                              изменить,
Иль слабой чайке силы подарить.
Звезду на море в лодку превратить.
Волшебник уж не хочет с нами быть.
Мои родные все умолкли, ушли,…откуда их
                              не возвратить.
Теперь мы друг от друга далеки.
И нас роднит лишь то, что все мы одиноки.

Вышивки с названьем «Решелье»
Белым облаком на окне.
И картины вышитые гладью на стене.
В «хризантемах» крестиком
исполненная, скатерть
                           на обеденном столе.
У кровати кружево над лампочкой -
Это дом моей любимой мамочки.
Не приехать мне больше к ней
Не сказать, что она всех родней и нужней.
Нет и следов от детства,
От тоски мне теперь не избавиться.
Возвращается память снова и снова
Теперь к постоянным сиротства оковам.
Как же счастливы дочери те,
Что долго живут в материнском тепле.
Кто её каждый день обнимает.
Кто сиротства, как я, не знает.
Берегите своих матерей.
Нет любви их нужней и теплей.

Что я надышалась
        пространством и временем,
Я поняла лишь тогда,
        когда на посадку
Шёл с Хельсинки лайнер
        на слитые с детством места.

Я им принесла свою душу в ладонях,
С почтеньем склонилась пред ними.
Простите родные, устала в погоне
За счастьем не тёплым, чужим.
Простите за то, что я вас предала.
Уехав, девчонкою глупой была.
За то, что взрастили не отплатила.
Ни разум, ни труд
        в ваши дни не вложила.
Вашей заботой не дорожила.
Ваши старанья чужим отдала.

Чужие края
        мне как мачеха были.
Они обирали, ругали и били.
Но вашу любовь
        оценить научили

Я стою на дощатом причале.
Берег белою пеной объят.
И волна на заливе качает целый город
                              из лодок и яхт.
Молодые поэты прославят красоту
                        этих мест до небес.
Ну а мне этот город напомнил
                  обгоревший берёзовый лес.
Видно годы печалят мой разум.
Нам ,военным воспитанным адом,
Воспринять трудно радость от яхт.
Ай, да стоит ли жить по- другому.
Всё прожитое было моё.
Не стыжусь я за жизнь по- иному.
Много радости было дано.
Мы учились, живя и мечтая.
Мы любили без лишних затрат.
Тяжкий труд за гроши выполняя ,
Не имели хором и палат.
Но зато не боялись мы «завтра»,
Знали - старость не нищий удел.
Скромным был и обед наш и завтрак.
Но гордились величием дел.
Не война б, не цари – коммунисты,
Не печалился б взгляд мой сейчас.
Видя здесь как народ некудышниий
И богаче и счастливей нас

Там, где неслись мои
            младые   дни так быстро.
Теперь уж пусто, мирно, чисто.
Всё время море поглотило.
Там новой сущности уже святило
Всё оживило новою средой.
Там уж другому
                    шепчет радость,
Там уж другому веет
                        сладостный покой.
Там уж другому указует
Дорогу праведной рукой.
И там другому молодому «люблю»
                    и «верю» говорит.
И там другому уж смущенье
            покрасит молодой ланит.
То не возвратно в моей жизни
Издалека мне видится во снах.
Прошло, оставив след
                        лишь в мысли.
Порою что-то вижу в облаках.

А там подснежники
                        такие нежные…
И сосны строгие
                    секрет хранят.

Я вспоминаю часто
Город, сердцу милый.
И в тихой памяти невинной
Прямой Литейный,
Аничков старинный.
И вязь решёток, как из сказки.
И холод набережной длинной,
Так зябко названной
                           «Октябрьской».
И Академии художеств
Всегда парадно строгий вид.
И сфинксы -братья пирамид.
И в парках тень, прохлада, ветер.
На шумных зимних горках дети.
С годами всё боюсь сильней,
Что встреча для меня -
                разлуки будет тяжелей.
Уж нет свидетелей
                    минувших   дней.
И не с кем будет
                что-то вспоминать.
И что мне ждать…
И как мечту не распугать.

Так случилось.
Так судьба распорядилась.
С Ленинградом я простилась
В незапямятном году…
До сих пор не попаду
В этот город детских грёз.
Юности моей счастливой.
И твоих прощальных слёз.
Там мы жили и любили
Холод ладожских ветров.
Цвет апреля сероватый.
Белый цвет Невы снегов.
Переменную погоду.
С неба капавшую воду.
Строгих лиц портретный ряд,
Что на Невском в вас глядят.
И покой музейных залов.
Филармонии парад.
И у Кировского фразы
«Есть билетик?», «Ой, как рад!».
Там я Бродского встречала.
Там всему что есть – начало.
Там лицо земной души.
Ну а девы в этом граде
Были очень хороши.

Не дышу, вспоминая юность.
Не хочу, чтобы мысль очнулась.
Чтобы счастье в мечте продлилось.
Чтобы молодость возвратилась.
Унесусь в прошлых дней неусталость,
На мгновенье оставив старость.
Возношусь в инертность мечты.
В непокорность былой красоты.
Вспоминаю мостов строгих дуг.
Лица милых моих подруг.
Теплоту твоих сильных рук.
Расставаний до завтра мук.
Бодрость свежего белоночья,
Эрмитажное разноречье.
Стук моих каблучков у Казанского.
Огородников у Финлянского.
Миги пятниц « по хандре поминки»
На Герцена у Ларинки.
Анекдоты усача Малинки.
По утрам с невинной вечеринки
Выбегали стайкой на разминку
В рощицу на Выборгской развилке.
И палатки в северном тумане
На Красавице по утренней заре..
Ох устало сердце плавится
На былом огне. Прошлое не сбросить
С плеч не снять, всё прожитое – благодать.

Однажды немой мальчик
С огнём красивых глаз
Написал мне в кафе на салфетке
«Ты королева у нас».
Немые мальчики на Невском
Жили своим миром.
Этот мальчик красивый
            был у них кумиром.
Я часто бывала на Невском,
На «золотом кольце» -
Работала на Колокольной
Жила в другом
            проспекта конце.
Я видела лица прохожих,
Смотрящих мне в след,
Но мальчик этот пригожий.
Был удивительней всех,
Смотря на меня с тоской…
Я и не знала даже,
Что сан у них есть такой.
Уже через несколько лет
Кино мы смотрели с соседкой.
 «Маркиза – ангелов свет»…
Я вспомнила эту салфетку.
И рассмеялась чуть слышно…
Мой сан был на много выше…

Тихо.
Я одна.
Ни кого кругом.
На скамье сижу
            я в «Измаиловском».
Вот ветвей узор –
            небо вышил он
Вязью плотною,
            чёрным прочерком.
Серебром мороз
            сказку выстудил.
Белой пеною
            тихо выкрасил.
Голубая даль
            неба чистого.
И берёз толпа
            рядом выстроясь,
Мне кричит
            о себе
                    так неистово.
О Москве печаль
            ты в моем уме
                    сказку вывела,
Здесь в чужой дали
            грёзы выдала.

Сен Женевье Де-Буа…Париж.

Я на русском кладбище,
    Где
        Для душ
            дома.
    В них
        не надо
           мебели…
    Только тишина.
Умирали заживо
        души их
           больные…
От тоски по Родине,
От любви к России.
И слезами вымочив
На земле могилы,
Уходили с думою
О России милой.
Бриллианты
        в россыпях…
Цвет земли родной.
Высланы и выгнаны
Мачехой шальной.
Пьяною братвой.

Оставьте прошлому
                    столь милому, не пошлому,
Все   представленья
                    о добре.
Оставьте прошлому
                    кровавому и   сложному
Виденье Бога
                                    на   земле.
Не волен человек –
                    сложнейшее   создание-
Менять законы
                              мирозданья.
Он их пытается
                                    понять.
И хрупкой сущности
                              своей придать.
Свою природу
                    в шалости беспечной
Он от незнанья может
                              поломать.
Ты укрепи, Господь,
                    в твоём творенье
Их честь, и разум,
                          и терпенье

Усач Иосиф всех сервировал…
Как на пиру солил людей и перчил…
Он смерти не колеблясь раздавал,
Жевал людей, как янки гуттаперчу.
Он целую плеяду воспитал
Лгунов, предателей, шакалов.
И долго после смерти усача
Гремели эхом страшные скандалы.
Литературные щенки
                были особенно
                борзы и прытки.
Кусали, лаяли и били…
В ход шли удары, окрики, щипки.
Зелинский, Шток, Еголин, Лидин
В пристойном,
                чаще не пристойном виде.
Клеймили братьев по перу,
Порою их сводя в могилу.
Ужели всё не сбросить с плеч
Фатой прилипшую привычку?
Ужель не стать всем терпеливей.
Не быть иного неуча спесивей.
Свою персону чистя строже,
Да помоги ты
                наконец, им, Боже.

Как в пору Грозного гадалки,
Так модны были при Петре солдатки.
Елизаветинской поры- смешны и жалки
Как размалёваны куклёшки..
Под пудрой прятали веснушки.
Екатерининские девки
За деньги любят хоть быка.
Смелы, распущены и дерзки.
Но как эпоха нравов коротка.
И вот мечтательные Александра века.
С невинной влагой на устах,
С слезинкой счастья на глазах,
Томимы   похотью и негой,
В цветах ликующей победы.
Но уплывают в небытие они.
На смену им Тургеневские дамы,
Милы, строги и увлечены драмой.
Их стан и плечи уж не так пышны…
И выбирают уж не их… они.
Но дамы Ленина и Берия
Разгула пьяного империи
Глупы, уверенны, упрямы…
Не стоят и портрета рамы…
Теперешним уж дамам из России
Не уделю вниманья,
                        сколько б не просили.

Павел 1
Монах всесильный, «всехапужный»
С больной, истерзанной   душой.
Как   безобразен был наружно,
Любитель   красоты земной.
Он русских душ карикатура.
Не злая, жёсткая   натура.
И до убожества смиренна.
Но как   горда, самозабвенна.
До безобразия   пышна.
Монах он в частной своей жизни
(В любви, в еде) до самой тризны.
То прост, как смерд в престолотчизне.
Убитый за грехи породы русской,
Он был венок легенды гнусной.
Улыбкой красоты искусственной,
В эпоху страха, прихотей, капризов
Взошедших   из низов «маркизов».
 Всё отразилось в Павловском дворце,
Воздвигнутом царём на русском
Усталом, сереньком лице.
И с ним Эскуриал мрачнейший –
Угрюмый Гатчинский дворец.
Эпохи   нервной и не складной
Всё завершающий венец.
Построенным отца – убийцей
Любимцем каверзной царицы.

Николай Павлович

Ум не большой, но не преклонный.
Честолюбив неугомонно.
Был самодержцем он везде:
В семье, в политике, в искусстве.
Искоренял людей, портреты
Екатерининских заветов,
Посуду, кольца, серебро,
И даже статую Вольтера
С его стихами заодно…
Обидел   умного Гудона.
За   грош продав с аукциона.
Всех ненавидя от души,
Продал поляков за гроши:
Лехницкого и Майского…Сапегу…
Всё продавал в отмеску деду
Всё продавал России на беду.
Царём он стал по воле Бога.
Как наказанье русскому народу.
«Он дан России за грехи»-
Гласят Аксаковой стихи.

Глава 2

ПОСЛЕ ПРОШЛОГО...

«Не давай отдыха руке твоей,
ибо не знаешь
что будет завтра»
(Экклизиаст 11:8)

Я сейчас в «после прошлом».
Там всё мною
                      нежданно брошено.
Там плохого много и хорошего.

Всё осталось далеко,
Всё оставила легко.

Отдала с благодареньем,
Всех оставила с прощеньем.
Всех, кто вольно и не вольно
Причинял обиды мне.
(Числятся на их вине).
Мне теперь уже не больно
И судить уже не мне.

Да! У Бога суд
И у Бога дар.
Не горит в душе
Мести злой пожар.
Остаться лучше Бога другом,
Он каждого одарит
            по заслугам…
Так всё оставила легко
И всё осталось далеко.

Новое время и новые лица.
Новые зданья вокруг.
Вот и опять мне приходится
                        вжиться,
Распознавая, кто враг и
                        кто друг.
          Или не новое?
                  Чуть лишь другое.
Хуже и лучше,
              да было ж такое.
Были и люди,
                  подобные этим
В теченье моих пол-столетий.

Стала с годами я меньше
                        бояться
Новых людей и новых забот.
Только   меняется
                  суть декораций
В сценах, текущих
                        из года в год...
Видимо, всё,
              что намечено статься
Вместе с годами прошло.
Стало не страшно мне
                  с кем-то расстаться.
Да и меня уж забыли давно.

Молодая, золотая,
                 всех смущая,
Заводная, молодость
                 промчалась ты.
И теперь не унываю,
                 свет в душе, как след.
От прожитых
                 полных счастья
                              незабвенных лет.
Потому всех удивляю
Бодростью души.
Мои годы с сединою
Тоже хороши.
Меньше шишек набиваю,
Двигаюсь степенно.
Я теперь одна играю
Часть главы невинной.
Мне не надо разрешенья,
Окриков не слышу.
По совету только Бога
Все дела вершу.
А у Бога славы много
Ею дорожу.

Продолжает творить чудеса
Надо мною природа и время.
Тухнут медленно краски лица,
А душа прорастает, как семя.
Прорастает зеленым ростком
Ощущенья свободы и счастья.
В этом алчном мире большом
Не боюсь бедной дамой остаться.
Отдала я богатый свой дом.
И неволю и страхи при нем.
За мою негасимую страсть,
За моё высыпание всласть.
За мою нерешённость проблем,
За моё не волненье ни чем.

На рассвете в ярком свете
        розовых лучей
Мне приснилось, что встречаюсь
        с юностью своей.
Молодая. с пышной гривой
Золотых волос. Длинноногой,
        белозубой, задаю вопрос:
«Как ты милая подруга,
        где ты с кем теперь?».
А она мне отвечает
        « С старостью твоей».
То, что в зеркале ты видишь-
Это тень годов.
А в душе твоей, ты слушай,
Я пою без слов.
Я даю тебе надежду и гашу печаль.
Призываю - будь ты прежней,
Чистой, как хрусталь.
Не вини и не ругайся,
Не ответствуй злым.
Быстро с грубым распрощайся.
С Богом будь своим.
Наш приход - его веленье.
На земле верши только добрые
        творенья.
Всем и всё прости.

Не любить одиночество
Мне нельзя.
Одиночество – это моя стезя.
Я жила одиноко десятки лет.
В тесноте и обиде -
         Душевный свет.
Я спокойно живу,
        Не пеняя на Рок,
Если есть от меня кому - либо прок.
Если нет рядом дышащих
        пьянью в затылок.
Если нет   недовольных,
      брюзжащих,   унылых,
Строго следящих за мной,
Полных, зависти злобно-больной.
Вот тогда я дышу и спокойно молюсь.
И статься растерзанной я не боюсь.
Ну а если есть слабые и больные,
Беззащитные, в горе слепые.
Я как рыба в воде, помогаю в беде.
Я, как птица в просторе,
          на крыло взять готова.
Я как свечка свечу
И благодарности я не хочу.
Я хочу тем спасибо сказать,
Кто дал милость мне
Милость им дать.

Я по жизни бегу, как по кочкам.
Не охотно, зажмурив глаза.
Знаю было бы много лучше,
Сделав шаг, возвращаться назад.
Дуют в спину мне ветры лихие.
Или тянут меня за собой.
Мне знакомы все точки земные.
Я была в них при жизни другой.
Остров Пасхи, Атланта. Помпея.
Киев, Сочи, Памир и Техас…
Пребываю   сейчас в многоточии…
И вернусь в них я в следующий раз.
Собираю свою информацию,
Видно, с этим послал меня Бог,
Чтоб вернувшись в другую формацию,
Мне украсить душевный чертог.
Я меняю места и привычки.
Всё меняю я раз в 20 лет.
То кому-то известно отлично –
Жизнь моя для него не секрет.
Дай мне силы, высокий хранитель.
Пробуди помогающий фон.
И прости мне грехи повелитель.
И наполни ты смыслом мой дом.

ЧУВСТ МОИХ КАЛНДАРЬ.

Слежу за чувств календарём
Прохладным светлым январём.
Каким величьем звонким,
Какою вязью тонкой,
На чистом небе голубом
Прочеркнутый ветвей узор.
И ,умиляющий до слёз,
Космический простор.
Господь, создавши эту вязь,
Сказал, что есть с величьем связь.
Что это господа обитель
И в услуженье красота,
Помощница в его твореньях.
Соперница - суетна суета,
В ней нет богоявленья.
И сказано прекрасно изначала –
«Красивое должно быть величаво»

Зеленеет травка, вишня расцвела…
Не везде со стужею матушка зима.
В ботаническом саду в январе – апрель.
Водопада тихого мерная капель.
Строгие аллеи розовых кустов
Ели ярко зеленеют у прудов.

Небо синей гладью обрамляет сад.
Красоте от Бога нет преград.
Не мешает солнце, светит с добротой.
Уголок природы здесь приник покой.

Февраль в средине не готов
Расстаться с родственной зимою.
Вершит парад тревожных снов,
Предчувствий, неиспытанного мною.
И что готовит мне судьба?
И сколько испытаний накопила.
Минуй же чаша горькая меня.
Большой ты выкуп счастье предъявило.
Под прессом держишь вольное дыханье.
Уздой больною душу затянуло.
Подрезав крылья радостных мечтаний,
Ты оком злым на мой портрет взглянула.
О ,мой Господь, великий, милосердный.
Уйми злодея тяжкий нрав.
Лишь чуть твоих потребует усилий
Лишить его коварных прав.
В твоих руках все нравы наших судеб,
Пасущихся   на пастбищах твоих.
Пусть тихим жеребёнком моя будет.
Пусть кнут беды не тронет чувств моих.
Зима растопырила голые ветки, бегают, Выросли
беличьи детки, больше затишья и Белой тоски,
только надежда на звонкий
Апрель с теплыми днями разбудит капель.
Снова осветит богатства земли и возвратит
Жизнь на круги свои….

Вот апрель сероглазый
Дождь, деревья в цвету.
Оживил он всё сразу.
И толпы суету.
Белым, жёлтым, лиловым,
Зацвели городки.
Вот как чашечки с мёдом
Магнолий цветки.
И подснежник мохнатый
Нарядил уголки.
Желто - белы нарциссы
Так невинно легки.
Оживает природа,
Зеленеет, звенит.
В май готовит дорогу.
Он расцвет тот ускорит.
Свежей зеленью трав
 Он смелее   заполнит.
Ну а там белоночный
Мой любимый июнь прилетит.

Май с густою листвою.
Бело-розовы шапки деревьев.
Май с быстро растущей травою
Гладиолусы яркие греет.
Почки открыли
Тайную суть,
Чтоб пред Творцом
Красотою блеснуть.
Небо часто хмурится.
Гром гремит в дали.
В стареньком скворечнике
Деток завели.
Трудятся пичуги с раннего утра.
Милая, весёлая майская пора.

Вот поёт, не умолкая, соловей, приятель мой.
Над моим житьем убогим полнит
                         небо красотой.
Ты соловушка приятель,
Тронул сердце мне до слёз.
Это Бог мне в утешенье трели чудные принес.
Сладкозвучие над мглою, умиленье в темноте
Удивленье. изумленье, слава божьей красоте.
Я смеюсь и чищу душу, я стираю негатив.
Все невзгоды, глупость, зависть…
Соловья затмил мотив.

Настроенье моё, настроение.
Хорошеешь ты в пору весеннюю.
Млеешь летом в полуденном зное.
Грустно осенью лист ты мнёшь под ногою.
Замираешь холодной зимою.
Ожидая улыбок весною.

Лето начинается жарой среди июня.
Потом истекают старые и юные.
Зеленью густою кроется земля.
Ой, боюсь не сбудешься, ты, мечта моя.
Жизнь моя – тревога за близких и родных.
Дети мы под богом, братья для святых.
Праздник у растений, праздник у лесов.
Где же ты мой гений, Ангел моих снов?
Разорви тревоги, разметай мой страх.
Преврати тревоги в пух и прах.
Нам нужны от Бога милости бозоны.
Чтобы век прожить свой
                    бедами не тронутыми.

Осенью прохлада,
Зимою холода.
Для меня награда
Быть одной всегда.
По весне воспряну,
Стану веселей.
Летом с солнцем
Радость на душе моей.
Молодость мечтала
О счастье ,о любви.
Зрелость не оставила
Места для мечты.

И теперь я рада,
Страсти позади.
Здравствуй моя старость
И не проходи.
Мир вокруг безбожный.
Путанный и злой.
Но меня не тронет он своей клюкой.
Иногда ж встречаюсь
            с честностью людской.
На душе нет ранок от былых обид.
Никого из прошлого сердце не бранит.

Почему то осенью чувствую,
Что прошёл ещё жизни год.
Почему то мне осенью грустно,
Что ушедшее уж не придёт.
Для кого-то осень прекрасна.
Для меня ожиданье невзгод.
Багрянец лесов броский
Это просто красы уход.
Может от предков исходит,
Чувство, что с осенью год уходит.
Не люблю я за это осень.

Ноябрь, ноябрь какой же ты красивый.
Рассвет в кустах в моём окне
То золотой, то красно -синий.
Ноябрь , ноябрь, то ветер вдруг,
И стаи птиц летят на юг.
Я не боюсь, я поднимусь,
Поднявшись птицей, сброшу грусть.
И ноябрю не тёплому возьму и улыбнусь.
Привет, привет, ноябрь не смелый.
Звени чистилищем- дождём.
Меняй наряд от многоцветья в серо-белый.
Меня же грустною не делай.
Найду я свет в явлении твоём.

Октябрь разразился ливнями.
Небо как в Питере серо.
Сухим и скучным было
Две тысячи пятое лето.
Я получила гражданство
В Америке, сложной стране.
Где бедность есть и богатство.
В России ещё сложней.
Там минусов больше, чем плюсов.
Там нет справедливых весов.
Держава бездумны псов.
За 300 лет дворяне
Не научили их жить.
Атеистическое быдло
Привыкло беспечными быть.
Все ищут занятье полегче.
Поменьше потеть и думать.
При этом хотят иметь.
Что плохо лежит – спереть.
Брат брату намылит шею…
Господи, этому люду
Не стоит рай обещать.
Они и в раю не отвыкнут
Лениться ,ругаться и лгать.

Быть может буду вспоминать
Жару томительного лета,
Как грелку-мысль..
Средь холода зимы и снега.
Сейчас не представляешь это
И ищешь где –то уголок,
Где благо-лёд, где холодок.
Покинув надоевший дом
Я еду в город, где Содом.
Где душно, мрачно и толпа.
К тебе презренье и твоя мольба,
Чтоб выслушал чинуша чванный.
Как в наказанье Богом данный.
Он всё теряет, нелюдим.
Накладны тощему карману
Расходы на такую драму.
Мы иммигранты платим им
За униженье и хотим,
Чтоб кончилась скорее мука,
Но чем? Ну здесь же скука.
Оскал улыбки на устах,
наклейки когти на перстах.
Здесь вот уж 2 столетья
Не знают войн и лихолетья.
Богаты и презрения полны.
И учат всех как жить должны…

После Дня Рожденья
Болезнь как наважденье.
То кашель, то спина…
То зубы, то без сна…
Всё потому, что началась моя весна.
Новорождённый слабый снова.
За год сезонов смены в теле
Такие же как в нашем мире:
Зима сменяется весною,
За летом осень чередою.
В свою весну мы все болеем.
А летом как-то здоровеем.
Но если лето человека
Приходится на зиму,
Зима понравится ему
И не страшна она тому.
Он летом слаб
И тянет всё его ко сну.
Ты не брани такого человека,
Таков порядок его века.
Всё больше чувствую с годами
Мои сезоны и земли совпали.
Зимой я сплю, весной болею.
А летом тёплым здоровею.
Под осень тянет на покой.
Порядок жизни это мой.

Сегодня жаркая погода.
Совсем не стало кислорода.
А он рождается в земле,
В её глубинной тесноте – ядре.
Сосну и кедр, берёзу вишню
Всё умно создал так всевышний.
Земле деревья помогают,
И всё живущее питают.
Но люди гибнут и страдают.
И землю мучают свою.
И кружится она, родная
За жизнь свою с приматами в бою.
За то, чтоб жили мы, не голодая.
За чистоту и красоту и нежность.
Чтоб кислородом обеспечить
Ходящую по ней   «небрежность».

Август 99го.
Затмение солнца луной.
Что возмутило тенью
Спокойный шар земной.
Тревоги нет, конца ещё не будет.
Мы созданы для бесконечных будней.
Мы посланы на миллиарды лет.
И лишь прошли наивность детства.
Вступив в отрочество своё.
Нам далеко до совершенства,
Но Бог прощает глупое житьё.
Велит не торопясь взрослеть
И раскрывает тайны нам по крохе.
Не получился чтоб «подвох» и
Не натворили чтобы «бедки»,,
Играющие в войны, детки.
Ты, мать земля, оберегаешь их,
Как шаловливых пестунов своих.

Вчера была гроза и темных туч покров несло.
И вихрь неистово бросал
                холодный дождь в стекло.
И было на душе болезненно- прохладно.
Как будто счастье ветром разнесло.

И, как скучающий наездник, в декабре спешит
Укутать тьма дома.
Где   мало знают о добре.
Где в летний день уныло,
Как   в неволе.

Как душный хвост от улетающей кометы
Сегодня скука не даёт дышать.
И в зыбкой вязкой темноте
Хандру и страхи не унять.

Но внутренним , почти закрытым глазом,
Ищу просвет божественных лучей.
И силой воли увеличиваю сразу
Его до пламени
                преджертвенных свечей.

Август, седьмое.
Две тысячи пятый.
Насыщенный зноем.
Я еду куда – то.
В людское пространство.
В развенчанный мир.
Где сытость и доллар
Их Бог и кумир.
Спаси меня Боже.
Дай верный мне путь.
От светлых законов
Не отвернуть.
Чтобы потомков
Вселенского зла
Ты удалил, как
В пустыню козла.
Я уж устала их зло отражать.
Нет даже сил от них убежать.
Малою пищей твоей насыщаюсь.
И на хоромы в мечтах не бросаюсь.
Милостью бога я укрепляюсь.
Господу Богу хвалой утешаюсь.

Когда была я молодая,
Людей смущала красотой.
Не суеверная была я,
Да сон увидела такой.
Как будто в комнате пустой,
Где на полу лежала я нагая,
Во всю ширь крашеной стены
Явилась женщина святая.
В прозрачном золоте сверкая,
Любовь и силу источало
Всё тело чистой красоты.
Спокойно, медленно взлетая,
В звенящей музыке добра,
Сказала странные слова:
«Убей .ты Лина ,зло сама,
Сама верши свои мечты»
С тех пор, заполненная светом,
Борюсь с пороком темноты.
А те, кто тоже лучиком согреты,
Мне говорят «Святая простота ты».

Я не звезда, что сгорает и падает.
Я не стрела, что пронзает стену.
Я не река, что лавиною падает.
Всё сокрушая в морскую волну.
Я не трава, что растёт под косою.
Я не цветок, украшенье покоя.
Я не росток в светлой чаще лесной.
Я не мелодия, что под струной.
Я саркофаг, что хранит мысль столетий.
Голос пустыни и эхо от стонов.
Память – кошмар не увиденных снов,
Запах от трав и привкус планеты,
Свист от пронзающей космос кометы.
Я как разрезанный воздух стрелою,
Больно качнусь от выстрела вдруг
И тихо умолкну, вернувшись на круг.
Я как посланник неведомой мысли,
Что не найдёт вход к примату в мозги.
Так и несусь я лептоном по жизни,
Не прикоснувшись, не встретив звезды.

Я у белого моря бывала
Я у Чёрного моря жила.
У Балтийского загорала.
У Каспийского день провела.
Океаном теперь любуюсь,
На зарядку спеша по утру.
И вдыхаю полной грудью
                его зыбкую тишину.
Тихо льётся мелодия волн.
У Атлантики нет видно спеси.
В колыбели двух миров
Разделительное междометие.
Волны Чёрного гаммой
Прорезающих громких тонов,
С эхом крика южных приматов.
У Балтийского длинные ноты,
Видно, больше ему заботы.
От тяжелой людской работы.
Ноты Каспия чётче и чаще
Пульс планеты быть
                может нашей.
Беломорье почти беззвучно
У края земли на страже.

Я продаю «свободу» не жалея.
Что мне свобода от людей.
Коль даром веры я владею,
Надежду твёрдую имея.
Спасаюсь в этом мире с нею.
Господь сказал ,как надо жить.
Надеждой, верой дорожить.
А людям это не купить.
К измене не приговорить.
С зарёю на работу мчусь.
5 дней как белка в колесе кручусь,
С хвалою Богу спать ложусь.
Уменье только продаю,
Грошами платят- не ропщу,
Обиду, окрики   прощаю.
Благословения приобретаю.

Что такое «плохо жить»?
Не умение дружить,
Не умение любить,
Не умение творить.
Лишь желая
          сытым быть,
Деньги без счёту
          копить,
И не ведая
          утехи,
Между снами
          только ныть.

Что такое «жить легко»?
Спать в постели
          чистой мягкой,
Далеко ходить
          пешком,
Насыщаться
          и куском.
Не мечтать   с
пустой надеждой,
Больше знать,
          что было прежде.
Что дальше будет
          знает Бог.
Проси его, чтоб он помог.

Как вкусна белизна облаков!
Как изящна синь чистого неба!
Как тепло от цветка лепестков!
Как уютно в сугробах из снега!

Как остра в кубе стен тишина.
Как печален убор пепелища.
Больно рвется жизни струна,
Но больнее жить подлым
                            иль нищим.
Не любить белизны облаков,
Не изящного синего неба,
Аромата цветка лепестков,
Безграничность узоров снега.
Доброту приходящих сумерек.
Пользу прожитых этих суток.
Тишину домашнего вечера.

Мы счастливые были вчера,
Но и «завтра» бояться нам нечего.

Ночь зачеркнула пространство,
Прожитый день оттеснив.
Вчерашнее льётся в завтра,
Утром день новый явив.

Звёздное небо как знамя,
Тёмного космоса флаг.
Господи встань на защиту
Тобой оживлённого праха.

Злобных душою уйми ты,
Небесною силой твоей.
Надеюсь, что я помогаю
Молитвой чистой своей.

Я беззащитной пылинкой
В хаосе жизни мчусь,
И весь свой век послушанью
Правде и Богу учусь.
Ночь не пугай темнотою
Я никого не боюсь,
Так как на Бога надеюсь.

Прости мне Бог
Мой грех невольный,
Ты может мною не довольный?
Что, позабыв благодарить,
Хоть день один могла прожить.
Что без молитвы спать ложусь.
Устав от страха иль от боли.
Что я порой себя стыжусь
За поглощённость суетою.
Что гнев порой одолевает,
А это грех, всяк умный знает.

Под страхом ходит в вере слабый.
Живёт в сомнениях глупец.
Но счастлив в Боге праведный мудрец.
Подарок Бога мудрости венец.

Нет привычки к покою
После долгой неволи.
Зажигает как спичка
Страх пред злыми и болью.
Страхи – чёрная стая.
Нет пред «завтра» покоя,
Не предвидишь, не знаешь,
Что случится с тобою.
«Случай» - вечной помехой.
Он загадки   на « завтра».
То носитель он лиха,
То удач - миг азарта.
Бог ты сильной рукою
Отведи от беды.
Встречу с бурею злою
От меня отнеси.
Иль опасности знаки
Мне расставь на пути.
Различать их во мраке,
Ты Господь. научи.

Что струны тонкие души
Испытываешь жизнь так часто?
То грубо ты стучишь по ним,
То прижимаешь к грязным плашкам.
И резонанс беды надсадно острый
Вонзает квантовые осы.
В души открытые нюансы,
В не материальное её пространство,
В её волнующую зыбь.
Оставь ей тишь.
Иль лишь…
Не распинай её на дыбе.
Покой и радость она любит.
Но ты терзаешь и молчишь.
О! Верно знаешь, что творишь.
Как грубо, право, дама правит.
Но может за терпение моё,
Господь когда-то в рай меня направит.

Мне в тягость стыд и страх,
И одолженья горечь,
И веры в дружбу крах,
И ссор пустячных мелочь.

Мне в тягость недоверье,
Всех скорых на враньё.
И сытое безделье,
И грязное жильё.

В безбрежном небе сентября
Моя священная заря
Все тяготы с меня сняла.
Я силу духа приняла.
И всё что тяготит меня.
Я в прошлое прогнала.

Соловьиной короткой песней
Отлетели мои года.
Радость прошлого –
            птица пролётная.
Не вернётся она ни когда.

И, устав привыкать к новым песням,
Видно снизился чувств мой накал,
Жмусь в своей оболочке тесной.
Иль от нот грубых слух мой устал.

Мне библейский лишь мир
            в утешенье.
Мне пророков лишь в радость ученье.
Мне надежда на Бога – покой.
Да услада удачной строкой.
В детях радость я нахожу.
К ним у Господа милость прошу

Нет в этом мире никого,
Кто б мне поддержкой был.
Нет в мире никого,
Кто б страх мой излечил.
Я с детств, как со стороны,
Смотрю на мир «орущих».
И удивляюсь без вины,
Живу, вину несущей.
Моя невинная краса-
Предмет не чистой зависти.
Мои зелёные глаза
Свидетели их жадности.
И нет кумира у меня.
Нет близких к совершенству.
Лишь мой Господь, меня любя,
В душе моей главенствует.
Сейчас я знаю смысл бытия
Среди на злобу быстрых.
Удел назначен для меня –
Сберечь мне душу чистой.

«Ах какая!» - мужчина произнёс с восторгом.
Когда ходила я легко и гордо.
«Ай какая!» - сказала женщина простая,
Мне в след не злобный взгляд бросая.
«Ой какая!» - зажав надменный рот,
Сказала в след ревнивая жена чужая.
«Ух какая»- сказал оставленный
        мной глупый друг…
Жизнь стала у меня простой.
И междометий этих нет уже вокруг.

Жизнь – учитель
            очень строгий,
Дорого берущий за урок.
И не обойти другой дорогой.
И не расплатиться
                с нею впрок.
Надо всю её самой прожить.
Каждую минуту оплатить.

Не сирота я, не чужая.
Не воплощенье пустоты.
Удочерённая на вечность
Творцом вселенской красоты.
Святым отцом, создавшим небо,
Вершителем,творившим мир.
Предателем, мой Бог, ты не был.
Ты мне надежда, мой кумир.
Исполнена его заботой,
Хочу другим добро дарить.
Под сению его опеки
Не устаю благодарить.
За то, что он позволил жить,
Завет великий исполняя –
Его и ближнего любить,
Себя на это отдавая.

Я родилась счастливой и здоровой.
Бог сотворил с   любовью меня.
Душа была спокойна, не спесива,
Как наша милая земля.
Но люди, Дьяволу послушны,
Кто с похотью, кто с злобой нападал.
(Сам самого порою поедал)
И грязь не тронула мою
                            простую душу.
Не помню зла,
                    хоть   хватит на роман.
Я только добрые мотивы слышу
Той музыки, что вседержатель дал.
Прощаю всех обидчиков и хамов.
Не знают, что они творят.
Не чтят в себе божественного храма.
Не знают, что над ними Бога взгляд.
Что жизнь завистников в финале - драма.
А кроткому – одежда святости наряд.

Моя женская сущность простая.
Простоту вы её не познали.
Приписали мне смелость и храбрость.
Деловитость и прочую гадость.
Ну а мне по душе лишь уют,
Да покоя побольше минут.
Что бы кто-то заботливо снял
Груз проблем, окруживших меня.
На себя кто-то смело взял,
Жизни руль, за дорогой следя.
Не нашлось в моей жизни такого
Бескорыстного парня простого.
Только Бог защищает меня.
Только Он – мой кумир и броня.

Болит душа моя и стонет
Ударами разбита на куски.
Унижена нечисто и жестоко
Не кроткими и жадными людьми.
Но мой Господь,
              мой главный утешитель,
Мой верный и
              всесильный вдохновитель,
Мой любящий и
              строгий покровитель,
Дал утешение
Во всех моих страданиях,
Дал вдохновение
              во всех моих делах,
Дал разум,
              чтоб понять его предание.
Дал силу
              одолеть и гнев и страх.
Дай мне Господь и кротости и силы.
Дай мне Господь смиренья в гневном мире.
Пообещай на праведной земле
Мне жить на правой стороне.

«Хорошие дети» – которые помнят
Как в детстве кормила их мать.
Себя обделяла, для них оставляла,
Готовая душу за жизнь их отдать.

«Хорошие дети» - которые знают,
Что вырастить их не легко.
Что лучшие годы они отнимают,
То бремя для хрупких их плеч тяжело.

«Хорошие дети» - которые любят
И,ставшей «безумную, мать.
Которые знают, что их ожидает
Такая же доля   (как знать?).

«Хорошие дети» -- которые холят
Родителей, словно детей.
Судьба им восполнит,
Согреет их старость
Любовью и лаской людей.

Жизнь есть лист бел.
Её пишешь сам…
Не как Бог велел.
Крик, брань
                    лист рвёт.
Где любовь да мир -
Жизнь ключом бьёт.
Нам велел Бог,
Помогая жить,
На земле себе
Ничего не копить.
Но глуп люд.
Но слеп смерд.
Войны, ненависть…
Лист не бел как снег.
Ростовщик сыт –
Его совесть спит.
Спит в законе вор,
Он плюёт на мор.
Да уйдёт в тот мир
Как пришёл – гол.

О суета! Как ты однообразна.
С разнообразием домов,
Машин,несущихся согласно.
И длинных и прямых дорог.
С разнообразием двуногих,
Цветом разных,
Молящимся плодам своих трудов
И оскверняющих грехами кров.
С разнообразием по рассам, племенам,
Сметённых бедами к далёким берегам.
Порядка красоту и истины породу
Познать дано лишь только Богу.
А слабый человек пытается века
Найти к познанию дорогу
Служителей загадочной вселенной.
Носителям не стойкой плоти тленной,
Как видно, не дано познать.
Не могут даже веру истинную выбрать.
И думая, что нет над ними власти,
Вершат грехи в порывах плотской страсти.
Бранятся, убивают и воруют.
И это жизнью именуют.

Часто ложь не правду похожа,
Больше, чем правда на себя.
Бывает у сильного кожа тоньше,
Чем у какого-нибудь «лебедя»

Бывает душа и светлей и чище
У грубо сколоченных людей.
Другой же изящен и приличен
При грубой душе своей.

Вспоминаю некую Сатурнову,
С этакой шершавою душой.
Гибкую, изящную, лазурную…
Упаси Господь вас от такой…

Не увлекайся простотой
И пошлостью «обыкновенства»,
И в этой жизни не простой
Не уставай быть «совершенством».
Хорош девиз, и принцип жизни?.
О! Если б люди приняли его,
То по земле б ходили только принцы.
И не боялись б дети ни кого.

Когда после нудных дождей,
Холодных и серых будней
Вдруг небо станет светлей
Солнце радость разбудит.

Так неудача и тоска
Сменяются кратким счастьем.
Ушло житейское ненастье,
Как между пальцев горсть песка.
Светлеет взгляд и мысль добрее,
И в будущее смотришь веселее.

Так учит нас святое небо
И счастье
и ненастье принимать.
Вот мудрости
        святое кредо:
Все непогоды и невзгоды
Как горе жизни
не воспринимать.

Умирал старик столетний.
Хрип, дыхание «Чейн-Стока».
Жалким был он в день последний.
Смерть давила на горло жестоко.

Над его умирающим телом
Никто из родных не плакал.
Все были заняты наследным делом,
Веселилась правнуков ватага.

Толи людям не наука
Всё во власти спирали кругов.
Смерть смывает потоком жизни,
Горе смехом сменяется вновь.

Лишь добро вспоминают у тризны,
Да не меркнет людская любовь.
Смерть уносит грехи и злобу,
Но прощать их лишь Богу дано.

Ночной полёт над куполом
Бессонной ночи.
К рассвету разомкнёт
Заря оранжевые очи,
Над горизонтом выплывая,
Беззвучно день оповещая.
В салоне гулко, как в гнезде.
Задвигались, заговорили.
С омлетом чаю все попили.
Над гладью океана вод
Готовится к посадке люд.
Что день грядущий им готовит?
Свободу иль судьбы оковы.
Ночной полёт закончим скоро.
Да здравствует земная суета!
Она шумлива и криклива,
И похотлива и потлива.
И в этом есть какой то смысл.
И в жизни «свет» - всегда девиз.
Познать его не стоит муки –
Живи, люби, твори без скуки.

Как птица, вынятая из гнезда,
Так человек без родного места.
                    (Притча Соломона)

Порой бываю я в гостях,
То не могу ни думать, ни молчать.
И надо бы, да не могу сказать.
Тяжелой пустотой охватывает мозг.
Парализует как мороз,
Из всех углов энергия чужая,
Придирчивая, грубая и злая.
Мне   «духу» дома трудно угодить.
Выталкивает, шепчет – «уходи».

Так и в стране чужой,
Где нравы не простые,
Не милые, не тёплые, другие.
Энергией обижен ты такой.
Но нет обратного пути в «Пенаты»…
Теперь там тоже глупость
И не доброта «богатых»

Одиноко не бродит гармонь.
Не поют хором русые девы.
Парень сердце не бросит в огонь
За любимую. О! Годы, где вы?
Другие люди, песни и слова.
Другая жизнь – похожая на скачки.
Мелодии для резвого коня.
Не люди, не тела, а тачки.
Любовь с другим лицом царит.
С улыбкой белозубой говорит:
Хочу уюта, денег и машину,
За это полюблю хоть и скотину»
Богатый осквернят чувства смело,
Манипулируя невинными умело.
Богатая, в лицо своё вложив как в дело,
Хирургам отдает его и тело.
Ужели не вернутся времена
Когда в цене была природа?
Земля красивыми была полна.
В душе и теле чистая порода.
Ужели не вернутся времена
Когда любили душу и ценили?
Ужель ушли на вечность времена
Где жизнь отдать готовы
                За любимых были.

Любви народа, как и гнева
Боялись вечно короли.
И не прощали там на троне
Друг другу преданных любви.

Король любим – не в духе королева.
Но если в почести она,
Не избежать ей властелина гнева.
Судьба её на плахе решена.

Чарльз и Даяна не на равных
Делили подданных любовь.
Глушили стены бури сцен бесславных.
Шумел разладом королевский двор.
Она, как бывшая « патрона»,
Жалела бедных и больных.
Воспитанный в других канонах,
Он не искал любви таких.
И он остался королём.
Она в земной любви сгорела.
Любви народа, как и гнева,
Боялись вечно короли.
Умрут они – чуть всколыхнётся
Любви народа слабая волна.
Народ забудет – к нищете вернётся.
На разных уровнях дается
Царям и подданным божественная карма

Радио – нарциссу

Когда иной кричит в припадке,
Что он талант без недостатков…
Всегда тоскливое враньё.
Но может это их кокетливый приём.
Ну пусть же будет в исполнении таком.

Вы женщин глупыми назвали.
Но важно нам, чтоб вы признали,
Что женщина есть сторона медали,
Где стороны друг друга не познали.

Другую сторону создали
В «похмелье» праведные Боги.
(Дурман, как видно, застилал
Тогда родителей   чертоги).
Не сделав четкого подбора,
Не дав «Орлам» души
Джентльменского набора,
Отняв уверенность у нас,
Что б нам не видимый Орёл,
Что создан был без женского надзора,
Черты куриные не приобрёл.

Маститому поэту

Вниманье ваше бесконечно лестно,
И слушать ваши верши – интересно.
Вы патриарх поэзии большой.
Быть может, не с плохой душой.
Вас одарили честью и вниманьем
Ахматова, Цветаева А. Толстой.

Меж нами душ родство – не вкусов сходство.
И знаки зодиака не роднят.
Уж чтение преданий мне дороже,
Чем старческий влюблённый взгляд.
Вы с шумною одышкой на устах.
С синюшностью на старческих ланитах.
Как козий «мех» вином налитый.
Вставные челюсти…Вам душно…
Вам ваше тело не послушно.
Вы молодости сгнивший прах.
Хоть мыслями, как прежде молод.
Смешён же старческой любви
Бесплодный всполох.

Не стоит так переживать,
Не стоит беспокоиться.
Проходит « жуть» и « благодать».
И страсти успокоятся.
Так повторяю я урок,
Что Соломон – царь дал издревле.
За долгий иммигрантский срок
Досталось много пережить мне.
Потери, лайсенсы, бездомность,
Людская жадность и нескромность,
Обманы, оскорбленья, беспризорность,
Долги и кражи, интервью
И посягательства на «прайвеси» твою.
Законы нищим, что всегда на страже.
Стена из молчаливых в горе вашем.

Но не печалят меня беды.
Ведь доживает тот лишь до победы,
Кому терпенье Бог наш подарил.
И Сатане вмешаться не позволил.
Спасение дано по божьей воле…
За всё его благодари!

Голубоватый берег дальний.
Манхеттенский кубизм так прост.
Вода и небо в отсветах хрустальных.
Гладь девственных, песчаных кос.
Контрастность красок сочных,
Травы, деревьев и цветов на «порче».
Семь видных из окна полос.
В гнездо стервятник рыбину принёс.
Все семь перечеркнул он наискось.
Седьмая – это небо, каждый день другое.
в мой душе восьмой полоской тень.
Тень страха не даёт покоя.
И даже в этот чудный день.
Удачи призрак и добра,
Ещё не встреченный вчера,
На завтра может измениться
И огорчением явиться.
Так надо мигом дорожить.
В полосках горя и удачи
Прожить без ропота и плача.
О том, что не случилось не тужить.
Творить добро и Господа любить.
Под этим переменным небом,
Быть в добром деле неизменным.

Как объекты НЛО,
Ласточки летают.
Быстро в разных
Направленьях
свой полёт меняют.
Дождь прошёл,
Зарозовело на закате
Солнце.
Заблистали
В светлых каплях
Чистые оконца.
Пёс компанию со мной
Сильно одобряет,
Лижет руки, севши рядом,
И хвостом виляет.
Все ушли на день Рожденья.
Для меня покой – веселье.
Я покою рада.
Он от господа награда.

В Даглостоне дерево стоит.
К нему и птица
Не летит…
Как в муках век свой
Проживает…
Уродливое, с грубою листвой,
Ещё становится страшней,
Когда она спадает.
Ужаснее его
Земля не знает.
Косматые лохмотия
Свисают...
Как за грехи
людей оно страдает.
Проклятым обеликом
Испуганных прохожих   назидает…
Здесь доктор Даглстон
Индейцев убивал…
Туберкулёзников
                    белье давал.

На 12 этаже ветер в форточку
Рвётся, как пьяный.
На 12 этаже над Манхеттеном
В дымке румяной.
На 12 этаже я сижу
У большого пиано.
На 12 этаже, а внизу 96- ая.
У Эстели, что спит больная.
Забытая всеми, не нужная…

Трудный путь мне судьбою данный.
Ну а чем завершается жизнь
Этой, некогда знатной дамы?
Без детей, без внуков на тризне.
Нет ужаснее драмы.
Для души – это в роскоши гетто.
«Существует» десятки лет.
Только виски, сон и еда…
Без перемен, без выхода..
В каждом доме своя беда.

На Панстейшен в Манхеттене.

Вокзал шумит, смеётся.плачет
И льётся музыка «бродячих».
Вокруг торгуют всякою едой.
Жизнь крутится своею чредой.
Порою хочется в её поток попасть,
Но страшно здесь в толпе пропасть,
Остаться одинокой и печальной.
В Америке – мечте иных хрустальной.

 Бросила свой «Лексус»
На произвол судьбы.
Может, сладит с Богом
Мой Ангел доброты.
Нет парковки в городе.
Места где пристать. При жаре и холоде
«Легавым» не устать деньги собирать.
Как терьеры злобные след берут и штраф.
Власти благородные всех лишили прав.
Ох, не добрый у имущих властелинов нрав.

Впереди дождливый фронт
Едем, едем в штат Вермонт.
У отрогов гор Апачи.
Штат покоя и удачи.
Там ущелья, скалы, кряжи.
Видели верблюда даже.
Ширь, зеленые покровы,
Овцы, лошади, коровы.
Тополиный сок сбирают
Мрамор белый добывают.
Варят вкусные сыры.
Люди сыты и добры.
Лучше всякого подарка
Побывать в музее Кларка.
Ренуар, Дега, Давид-
О цене уж говорит.
Мы прохладой насладились
В жаркий августовский день.
Теплоходом прокатились мы
По озеру Шамплень.
По дороге в Трам – поместье
Дегустировали сыр.
В Киллентаун в поднебесье
Дорогих курортов мир
Там канатные дороги
И зелёные отроги.
И везде цветут цветы.
Мир спокойной красоты.

«Звуки музыки» снимали
Там, где Трамы основали
Свой большой, уютный дом.
С цветником и чудным садом.
Норманн Рокуэл там жил.
Каждый вечер он в газету
По рисунку приносил.
Срисовать мгновенья жизни
Карандаш его спешил.

В Нью-Джерси на холме красивом
Среди деревьев и цветных кустов
Стоит , построен прихотливо,
Под красной крышей белый дом.
Там мебель от Наполеона
И антикваров полные хоромы.

В честь его богатой хозяйки названа улица,
Но с голоду сдохнет в этом доме и курица.

Трудна моя   пора была.
Там хаузкипером служила.
В   таком унизительном сане.
В голоде при всём изобильи
Жила как в нетопленной бане.
Да, жадность людская обильна.
Она даже Господа ранит.

В унылую зимнюю пору
На Кингзхайвей сняла себе «нору»,
Что лендлорды зовут здесь квартирой.
Среди серых коробок унылых.
Без родных и людей сердцу милых.
Как будто в омут с головой
Я опустилась в мир иной.
Ни кто мне не поможет, не подскажет,
Не поднесёт и даже не покажет.
Ушла то скуки и застоя,
От Жозефины и голодного покоя.
От чуждых духом мне людей.
От их лишь денежных пристрастий.
Покинула роскошные я стены.
Но что придёт тому на смену?

Новый Год и Иомкипур
Праздники известные.
Всех землян зовут к добру
Силы поднебесные.
Вот и этот Иомкипур
Праздник из заветов…
2 недели льют дожди
Хляби без просветов.
Затопило берега рек,
Озёр … и лужи.
Под колёсами вода.
Ветер пену кружит.
Гнёт деревья и ломает
И листву в людей бросает.
Словно в эти праздники известные
Учат души силы поднебесные.
Словно хочет всем Господь сказать:
Коль не бросят врать и воровать
Может строго наказать.
Новый «Вавилон» и «Рим» послать.

Лес еловый и сосновый, тонконогий гор убор.
Камни, скалы вдоль дороги, чеков
                     клюквенных простор.
Массачусетские дали, города и   городки.
Мы на отдых приезжали на июльские деньки.
3 из них были дождливы,2 не жарких, но с
теплом…
И китов мы повидали, и узнали, где   торгуют
Марты (не Стюарт) вином.
В белом маленьком отеле, на 500 примерно мест,
Под названием «Наследство»,в переводе
-херитенс.
В синтетической постели отдыхали, ночевали.
И уставшие слегка, мы в джакузи отбивали
Чуть расплывшие бока.
И в большой деревне «Сендвич» покрутилися
слегка.
Соль выпаривали там в прошлые века.
В старой мельнице мололась пеллигримова
мука.
И пришла пора прощаться.
Бай – Хаянис городок.
То - то мило возвращаться
В свой «устроенный» мирок.

Монтеселло.
Гладь бассейна и синее небо.
Ветки сосен рисуют покой.
Да, у Бога, где бы ты не был
Щедро мир одарён красотой.
Лес, как зритель, теснится на склоне.
Наблюдая десятки лет,
Как оставив заботы о доме,
Отдыхает от дел человек.
«Раско» - с странным названьем местечко.
У заросшего озера близь.
У бассейна с водой из речки
Летом игры и детский визг.
Не плохая «по-русски» еда.
Чистый воздух, отмытый лесом.
Благодать и ушли без следа.
Все заботы, проблемы и стрессы.
Я тебе благодарна, Всевышний,
Ты владеешь судьбою моей.
Утешаешь природой пышной,
Дав покой хоть на несколько дней.

Теперь шлифован электричками
Рельсов блеск мерцающий.
Ты помнишь- девочки с косичками
Встречали поезда
Чтоб видеть лица проезжающих.
И их запомнить навсегда.
Как будто с ними миг переживать.
Быть может, что- то перенять.
Наивной юности мечты украсить.
И мчались дни, косички выросли.
Развились косы по плечам.
Уже на станции мы различали
Не проезжающих, а дам
И кавалеров, что с улыбкою
Смотрели на пригожих дев.
В красе роскошной, чистой юности,
Стоящих на глазах у всех.
А девы с грустью и надеждою
Всё провожали поезда.
Манила даль их тихой скрипкою.
Судьба светилась в их мечтах.
Но вот нашли своё «обрящие»…
Несутся друг за другом дни.
И вянут тихо, как в тумане,
Вдаль уходящие огни…

Дождь с утра. Иду на пари.
День Рожденья у друзей.
Ох, заботы женщин старят…
И не нужные дожди.
Как прическу сохранить?
Старичёнка накормить?.
Как кота оставить с дедом?
Ох, наделает он бед.
Всё испачкает на кухне,
Пока греет свой обед.
И не выпустит кота –
Тот нужду свою исправит
Где придёт ему охота.
Надо документ отправит,
Сделав копии с утра…
И для «дине» что оставить?
Целый день хлопот пора…
Дождь на целый день с утра.
P.C.   Вот вчера ресторан посетила…
После праздника в «хлев» возвратилась.
Грязь и вонь словно с неба свалилась.
Дед кота в мой «чертог» запустил.
Ну и кот за уход отомстил.
Он написал на кресло и ещё под ТВ
А на кухне испачкали всё, что могли.

Ох, заботы женщин старят
И не нужные дожди.

Я не земле «Обетованной»
Прекрасную неделю провела.
И было это, может, самой главной,
Из всех наград, что мне судьба дала.
Какое близкое мне небо.
Над «Центром» - Лысою горой.
О, если в жизни ты там не был.
То значит, ты не видел ни чего.
Не исчислимы камены могилы
Христиан, евреев, мусульман
Раскинулись на холмах
                              столь красивых
Дома земли великой граждан.
Здесь мира и греха начало.
С времён Адама стожены дела.
Лжецам и грешникам быть правым
Смерть индульгенцию дала.
История их вместе положила.
И в камни древнего Иерусалима
Дух святости она вложила.
Мой дед Максим сюда «пешком» ходил.
Тому часть жизни посвятил .
И здесь я вспомнила об этом.
И сердце билось, радостью согретым.

Какой-то дух особенный витает
Здесь на Израильской земле.
Здесь воля Бога обитает.
Да человек упрям везде.
Но Бог ему судья и Бог – владыка.
Он утвердил устав свой на века.
Призвал быть справедливым,
Жить без крика.
Чтить и вдову и старика.
Не быть коварным и упрямым.
Не быть безумцем в гневе пьяном.
Но нет почтенья к Богу
У тварей твердолобых.
Не видят в утренней заре
Посланье Бога - ласточкой в полёте,
Враньё и воины, драки и проклятья
Наполнили Господние хоромы.
Их судьбы повторяют злой Содом
И участь грязную Гоморры.

Не жданно и не гаданно
На простор Израиля
Мой Господь меня послал.
Где мой предок праведный
Раньше обитал.
Прикоснуться к светлому
Ты Господь, мне дал.
К радости спасения,
К божьему прощению,
К праведной черте,
К «помазанья» плите.
Предков вняв наказ,
Не творить бесчестия
Иль чести на показ.
Я хвалу Всевышнему
У пещер творю.
Я с творцом Израиля
Мыслью говорю.
О прощенье Светлого
Всех землян молю.

В Израиле 2006. Рищён-Лезьён.

Ришён цветёт и запахами полон.
Шумит, мяучит, лает и поёт.
Здесь жизнь с заботами иль счастьем
Обычною рекой течёт.
Шумит дневной Ришён, как улей.
Ночной прохладой одарён.
А утром с тихою зарёю
Он гоготаньем горлиц будит
И розовым восходом озарён.
Летают ласточки над крышей,
Проулки зеленью здесь пышут.
С балкона виден город без границ.
И малой точкой окна, как бойницы.
Развешено бельё между домами.
Черешней с щедрыми дарами
Украшен под балконом луг.
Всё людям дал Господь, их друг.
Для радости всё дал, а не для мук.

В прохладной темноте
Ахматовой « фелука» -
Волшебник месяц –
Покровитель тьмы.
Нашёптывает мне разлуку,
Что тушит яркие любви огни.
И угол крыши выглянул из кроны
Трепещущих в сочувствии берёз.
И в тёплую, осеннюю погоду
Мне душу охватил мороз.
Стучат осколки льдинок
Где то в сердце.
Весь мир поёт сейчас
               печали скерцо
Об увядающей картине грёз
На шлейфе быстротечной жизни.
Спешащий миг ещё одну
Эпоху чувств унёс…

За больною, чужою старушкой,
Словно дочка родная смотрю.
Ты прости меня, мамочка душка,
Не облегчила долю твою.
Сделав жизнь мою
                  трудной и душной,
Вдаль загнало меня «вороньё»
И щемит от того видно часто
Неутешное сердце моё.
Одинокой ты путь завершила.
Что- то страшное я совершила.
Заплачу, видно, вечной тоской.
Ты прости меня, милая мама,
Что чужим моя в помощь рука,
Что когда ты болела, родная,
Я была от тебя далека.
Чтоб хоть как то утешить
                  мне душу,
Бог мне дал – за больною гляжу.
Я смиренно несу свою ношу.
Для тебя я, родная, служу.
Я тебя утешаю и мою,
Я тебе помогаю идти…
Как тебе, облегчаю ей долю.
Ты прости меня мама, прости!

Песня

Запорошена, заморожена,
Загорожена и заброшена
За годами, горами, морями
Ты, любовь моя, позаброшена.
Загорожена отрешением.
Запорошена слабой верою.
Ничего уже не поделаю…
И заброшена, как ненужная,
Ты, любовь моя безоружная.
Ты, любовь моя, несозревшая,
Ты ,любовь моя, не успевшая.
Не созревшею   отцвела одна
Бесприданницей, как дитя слаба.
Отцвела одна в темноте годов.
И молчит во мгле, не стряхнув оков.
Не найдёт души, чтоб лететь легко.
Не найдёт руки, поддержать её.
Не найдёт во век и умрёт чуть свет…

Точкой малою надежда
Вера слабеньким   лучом,
А любовь моя, ты где же?…
Заперта   чужим ключом.
Люди извели надежду.
Веры приглушили свет.
Не жива любовь, как прежде
Злой, ты ближний человек.
Зависть, жадность, подозренье
Жизни всей твоей творенья.
Божьи заповеди топчешь,
Насмехаясь иль шутя.
Плохо знаешь. Что сам хочешь,
Ближним беды принося.

Чужое горе не фундамент,
На нём не строят счастья дом.
Не долго простоишь на нём.
Ваяй прочнее постамент,
Где в мраморе чужого горя нет.

Я б такого всю жизнь любила
За умение жить и силу.
Если б был он как Бог красивым.
Если б был он заботливым, добрым
Если б был милосердным, не злобным.
Если б верен был слову и делу.
Не разбрасывал б деток по свету.
Не сидел бы с нечистым за чаркой.
Не пылал б вожделением к «ярким».
Если б был он подобен Богу,
Я б такого любила до гроба.
Уважала б его и ценила.
Я всю жизнь бы ему посвятила.
Но такого земля для меня не родила.

Я тебя не потеряла
                не приобрела.
Я в любовь с судьбой
                    играла.
Её силу   испытала…
О! Какой болезненной,
Бедная была…
слабою ,
несчастною
Предо   мной предстала.

Я тебя не потеряла –
Не приобрела.
От тебя я убежала,
Чтоб любовь не умерла.
От бактерий ревности,
От напора эгоизма,
Иль от хамства - аневризмы,
С инсультом неверности.

Я ушла и туманом сизым
Растворился прошлого след.
Ты остался в себе уверенным,
Но счастливым, ли,
Думаю – нет.
Кто имеет душу не зрячую,
Кто не знает любовь - это Бог,
Тот для счастья не предназначен.
Ты едва ли б понять это смог.
Я ушла от твоей морозной
Тесной, жалкой мирской любви.
Убежала от бесполезной,
Ради сытости суеты.
Кто не хочет приблизиться к Богу,
Тот не сможет ему подражать.
Без почтения к Богу святому
Он не сможет «подобием» стать.
Эту заповедь в сердце принять.

Прости, но не за то, что я ушла.
Прости за то, что я любила.
Твоя душа всегда была мертва.
Я об неё свою чуть не разбила.
Я долго в людях зла не замечала.
Я равенство пред Богом
        с детства знала.
С тобой же не прочною
моя безгрешность стала.
Я «непрощение» приобрела.
Теперь залечиваю раны, души
Истерзанной твоей не добротой.
Протягиваю к Богу длани,
Прося лишь дать душе
        моей покой.
Я благодарна рабству
        божьего предела.
Оно со мною навсегда.
Лишь в нём становлюсь я
        свободной и смелой.
Нет на душе от ран и следа.

Я о любви хочу большой мечтать-
Не получается...
И от любви земной душа печалится.
Тебя моя любовь лишь гордым сделала.
Таким заносчивым и слишком смелым.
Не знает кротости душа жестокая.
Дана лишь избранным струна высокая.
Так что любви большой не получается.
С душой не преданной она прощается.

Подними ты меня ,подними.
Научи ты меня летать.
Научи ты меня, научи мечтать.
Всех милее стать.
Поддержи ты меня, поддержи.
Чтобы мне не упасть.
Не упасть с высоты красоты,
Не пропасть в тисках пустоты.
Ты просто меня люби.
И любя, помоги.
А крылья возьмём мои,
Умчавшись в светлые дали.

Вот трава, вот коса, вот моя краса.
Как травы полоса под неё подставлена.
Как траве в полосе, умирать
          красе обезглавленной.
Той косой пустой во траве
          густой жизнь подкошена.
Но святая вода и святою
          рукой с неба сброшена.
И встаёт трава и
          встаёт жива, грубо скошена.
Ожила краса и
          цветёт полоса разукрашена.
Затупилась коса. Воскресла краса.
И спасли её небеса!

Не хочу в сомнений паутине
Прятаться в душевную пургу.
Прошлых светлых дней
И радость будней
Я в душе надолго сберегу.
Полечу к тебе, расправив крылья,
Сбросив вниз душевную тоску.

Излучал поток добра и силы
Ласковый, с улыбкою красивой
На прекрасных, чувственных губах...
Было это в «Золотых песках».
Я влюбилась, чем жила лишь миг.
Не забыть с годами этот лик.
Душу мне пронзившая стрела –
То моя любовь была.
И сама её я прогнала.
Я себя закрыла, заперла.
Тысячу замков понацепила.
Всё твердила – нет, нельзя,
И прочь, я жена любима,
У меня же дочь.
Я должна быть верной,
Непорочной.
И с тех пор я стала
Просто скучной.
Помня этот лик и этот светоч.
Да.. Но муж... с другою
Проводил ту жертвенную ночь.

Всё снится мне сон -
Ты букеты мне даришь
И даришь…
Уж давно я не знаю
Где ты?
И ты обо мне ничего
Не знаешь.
Давно разлучили
Нас времена.
Только осталась
Память одна.
Не получили, как видно, сполна
Ты свою радость дарить мне подарки,
Я, принимая, светиться так ярко,
Чтоб растоплялись невзгод облака.
Только проходят года в «никуда».
Лишь оставляют мгновения снов,
В сердце тот запах букетов цветов,
Которые даришь и даришь…
Ты любовь его верная
                    не уйдёшь, не оставишь…

Предо мною Гудзона гладь,
Снова в прошлое я ухожу…
В мыслях я уж могу побывать
То в сосновом эфирном бору..
То в ташкентском базаре в жару…
 На болотной кочке в Карелии
Или вспомнить Питера ночи белые.
На мейн -стрит в океане толпы Бродвея
Иль вязать ржи снопы в Еремееве.
Собирать под Москвой малину.
Дегустировать в Гаграх вина.
«Розку» рыжую подоить.
На балу с генералом побыть.
Под водой с аквалангом поплавать.
Иль в бахилах проверить
                   под Минском заводь.
Но милей всех   мысли полётов,
Кроткой памяти редких взлётов
Моей бабушки дом в деревне.
Там я часто бываю во сне.
Да ещё моей мамы квартира,
Где так чисто и много мира.

«Что хорошего в твоей жизни?»-
Мне бубнил влюбившийся чудак.
Уплетая салат с брынзой,
Запивая напитком «Нектар».

«Что плохого в твоей жизни?»
Говорила мне дама в кудрях.
«Генеральскую ешь пищу,
Разодетая в пух и прах»

«Что же ты - кандидат наук
Подметаешь полы в Америке?»-
Насмехалась баба из Жмеринги…

Хороша ль моя жизнь,
Как знать?
То, что прожито не отнять.
Жизнь от Бога и есть благодать.

Там ,где родился, оставляешь
Частицу сердца, если уезжаешь
Надолго или навсегда…
И там, в дали, ты мысли обречённой
Иногда протягиваешь нить незримую
Туда, где ты оставил
маленький осколок
от сердца, что остался дорог.

Так я оставила мою Россию,
Но с трепетом слежу за нею.
Благославленья ей прошу у Бога
Чтоб сокрушил её врагов надолго.
Чтобы они оставили её в покое.
Испепелились в злобы своей зное
Да внутренние крысы «оппозиций»,
Травились из кормушек «заграницы».
Молюсь, чтоб честные ребята
Страною править,наконец, пришли.
Святую Русь чтоб люди обрели.

Глава 3

НЕ ПРОХОДЯЩЕЕ

Со мною всегда…

Когда умолкнут истину несущие,
Камни о ней заговорят.
Истина – это Бога сущность.
Не умирает, не знает преград.
В кострах язычники её сжигали,
В припадке ярости мечами рассекали.
В истерике марали в манускриптах.
Искали тень в её очах открытых.
Но истина жива и несомненна.
Она смеется над не совершенными.
И светит тем, кто за нее гоним.
Она глухому песнею из камня.
Она слепому светом от звезды.
Она больному лечащею каплей.
Она святому Ангелом в тиши.
Умолкнут скоро власть держащие.
Умрёт Христа заклятый враг.
Но коль умолкнут истину несущие,
Камни о ней заговорят.

Христос велел из дней тех древних:
Не суди, не придирайся и к богатству не стремись.
А с другими обращайся так, как хочешь ты от них.
Перед свиньями не гнись, жемчуг глупым не мечи.
Всем прощая, сам не злись, враг в плену у зависти.
Старому отдай почтенье, уважай отца и мать.
Не получит тот прощенья, кто их будет обижать.
Бог всех любит на земле, грешных и безгрешных.
Не пристало и тебе жечься местью бешеной.
Если скажешь другу «да», и врагу повторишь.
Клятва будет то твоя, мерзость коль нарушишь.
Брата «глупым, дураком» ты не называй.
Грешно это перед Богом, каждый мудрый знает.
Ты молись, но не прилюдно,
не долдонь одно и тоже,
Что даёшь ,тебе прибудет, будь на Господа
похожим.
Верен будь своей жене, не глазей на дев,
Вызывает блуд у Бога правомерный гнев.
Свою праведность и святость не развешивай
как флаг В этом мире неизвестный - для небес
«святого» знак.
Всё проси в смиренье тихом ты у Бога и людей.
Бог услышит и одарит милостью своей.
Людям всё отец Господь разъяснял и в прошлом
Миссия Христа не в том, чтоб законы
уничтожить.
Моисея и пророков не хотел Христос отнять.
Он хотел предавших Бога научить их почитать.

Коль не хочешь чтоб побили,не махай руками
Хочеш чтоб любили, славься добрыми делами.
Хочеш если уваженья, не кидай на ветер слов.
Хочеш чтоб не проклинали,к миру будь готов.
Помни проповедь Исуса, что он с гор сказал:
Относись всегда к другому,как к себе б желал.

Поверь, не красота спасает
Наш грешный рушащийся мир.
Не красота, любовь спасает.
Не говори, что красота кумир,
Как Достоевский грешник говорил.
Любовь безмерная царит.
Она творила и творит,
Она рождает, омывает,
И верой в Бога освящает.
Любовь – единственное в мире,
Что должно знать и почитать.
Бог создал всё любовной силой.
С любовью может нас принять.
Не может любящий святило
              огнём и серою пытать.
И неразумное дитя любимо.
Бог просит истину принять.
Раскаявшись, любовью воспылать.

А любовь - это БОГ!
Милосердный и сильный.
И любовь – это Ангелов долг
Подчинения Всесильному,
Мудрому, сердцем обильному.

Любви поток - божественная карма
Создавший совершенного Адама,
Творить так мог лишь любящий отец!
И счастия венец ему надеть.

Любовь эта - символ свободы
            и веры.
Веры полной
            без края и меры…
Веры в счастье
            и райскую жизнь.
Без несчастий
и   катаклизм.

Да, любовь – это БОГ!
Не хотят это знать
Не разумные дети.
И дерутся и плачут
На нашей планете.

Надежда, Вера и Любовь
Являют людям вновь и вновь
Основу их существования…
И ,полагаю, мироздания.
Три этих качества присущи
Достопочтенному Отцу.
На дланях наши
имена несущий,
Он нас хранит
        как важную
            очей   зеницу.
В любви и снежностью
                творящий,
С надеждой ждёт
                исправится ль народ.
Нам верит, видно,
            славный БОГ.
Ты брат мой будь
                всегда готов
Явить Ему не сердце злое,
А веру, верность и любовь.

Трепет пугливых листьев.
Запах цветущего луга
В этом узнаете вы
Присутствие нашего Бога.
Он не огонь, не сера.
Он после бурь тишина.
Он – это кроткого вера,
Что его волей дана.

Нынешний
           правнук Адама
Стал инвалидом
Ослеп и оглох.
Сам оскверняет
           храм ему данный.
Стал он для
           Господа плох.
Ором своим
                 заглушают они
Трепет испуга
                 зелёной листвы.

Сказал Господь нам :
«Размножайтесь и
землю превращая в рай,
На всех пределах расселяйтесь».
Он секс грехом не называет.
Он лишь разврат и похоть порицает.
Сказав: «В любодеянии живущий,
Иль в однополом сексе жизнь провёл,
Во тьму за Дьяволом идущий,
Себя до испытания довёл»
Безбрачному молитва помогает
Смирить страстей мучительный накал.
Живущим в браке Бог устав послал,
Землян любовью на счастье обручал,
Блаженный, кто её познает.

Что в имени тебе Господнем?
Надежда всей земли народам.
Не хочет это знать пустой негодник,
Лелея глупую свою свободу.

Что в имени   Господнем мы нашли?
Любовь, спасенье всей земли.
Не хочет знать пустой безбожник –
Законы Бога неприложны .
Не сбыться «обещанью»-
невозможно!

А имя Бога значит:
            «Всё исполню».
Так обещал нам с исстари
            Святой.
Кто Бога почитая это помнит,
Тому сейчас душевный дан
            покой.
И в споре с Сатаной не
                дрогнет,
Кто ежедневно веру в Бога полнит!

Ненавидя, льстивый поцелует.
Любящий – укором нас спасает.
          (Притча 2 : 6)
Лесть глупца и манит и волнует.
Истины обманутый не знает.

Между двух огней не жизнь,
           а мука.
Между   Дьяволом и Богом
               места нет.
Любящий в беде протянет руку.
Льстивый ищет серебром ответ.

Всё, что сложно
           в мудрости житейской,
Из вещей простейших   состоит.
В строках истинных библейских
Весь смысл бытия людей лежит.

Не унывай!
Не будь по вере ты калекой.
Не избегай общенья
            с мудрым человеком.
Бог проявляет так   заботу
Посланьем умного кого то.
Не унывай!
Не будь ослабленным грехом.
Не избегай общенья
            с любящим ОТЦОМ.
Он движим   лишь любовью,
Всегда поддержит
                и уменьшит боли.
Не унывай!
Проблемы наши все «конечны»
Как временна
            вся сущность человечья.
Молись, и Бог тебя   направит,
Раскаявшимся   верный
                        путь подарит.
Не унывай!
И помни это грех!
Лишь   благодарному
            обещанный   успех!

Бог дал « устав» через пророков,
Чтоб научить нас избегать пороков.

Надо в жизни быть упрямым,
Но простым и нежным.
В её глаза смотреть
лишь прямо,
На Христа с надеждой.
Улыбаться, утверждая,
Улыбаться, всех прощая,
Но урок не забывая –
Избегать унынья.
Справедливость утверждая
                        божьего веленья.
Плакать лишь от умиленья.
Ждать с небес
                        благословенья.
Не томиться тяжкой мыслью.
Жить без злобы и корысти
Лишь в добре упрямым...
И не будет драмы.

Не доверяй,
Не искушай людей
        открытыми замками.
Порядок наводи
          и знай-
Грех соблазнять
            людей дарами.
Закрой все выходы души
Для человека
          (им во благо).
Лишь с Богом связь
        всегда держи.
Чти его силу, его славу.
Порядок наводи в дому,
Чтоб не хотелось ни кому
Взять брошенную ценность.
Пусть будет
     это неизменность.
И быть хвастливым
    право, скверность.

Мудрость дом устроит,
Счастье утвердит.
А любовь украсит,
Стены высветит.
Храм живого Бога
Будет в доме том.
«Истину» где любят.
Славят ночью, днём.
Знает там хозяин
Бога и Закон.
И подобен Богу
В своём доме он.
Там жена прилежна.
Хлеб не праздный ест.
И несёт надёжно
Дома – храма шест.
Вкусно приготовит
Завтрак и обед.
Мужа достоянье,
Детям в жизни – свет.

Не страшись!
И возлюби проклятья.
Не будет счастливым
              их создатель.
Не унывай!
В ответ не проклинай!
Не заслужил проклятье-
              знай,
Как ласточка оно вспорхнёт,
И все печали Ангел   унесёт
       (Притча 26:2).
А проклинающему – горе,
А ненавидящему –   вдвое.
Готовят «Лиху» небеса
Грехом закрыть его
            глаза.
Тот вместе с Дьяволом
          умрёт,
Кто за добро
и Бога и людей клянёт.

Противников орущих не страшись.
Не огорчайся, видя злого.
Не раздражайся. Сам не злись.
Для злого суд и мщение у Бога.

Хранит Господь всех любящих его.
Не сможет человек им сделать ни чего.
И Бог сказал, апостолов устами,
Что не сердись на них,
Всесильный, верный с нами.

Что вера в Бога изгоняет страх
          (Что может сделать вам
            собрат бессильный?).
Останешься у Бога ты в чертогах,
А злой умрёт в пустыне пыльной.

Любимого Господь с пелёнок
              наставляет.
От злых людей стеною ограждает.
От грозных недругов оберегает.
У мудрого любовь к НЕМУ
              границ не знает.

Любимый   Пушкиным октябрь
Пришёл с холодными ветрами.
Набрала охры листьев рябь.
Сезонов смену месяц славит.
Но нет у матери погоды
Ни дней плохих, ни непогоды.
Есть хилая незащищённость
У человеческой породы.
А мир прекрасный славит Бога.
Кричат сапфиры-небеса.
Под звуки ветра украшает
Мазками осени листва.
Вчера затмение луны
Устроил строгий наш строитель.
Наверное, нужны земле и
               людям клипы эти.
Не стоит до поры стараться
Поступки Бога разгадать.
Бог знает только когда статься
Секреты эти людям раскрывать.
Живи любуясь, внук Адама.
Люби без ревности и зла,
Бытиё ты обращая в драму -
Получишь участь клятого козла.
Тебя зовут к добру и миру
Любовь и красота природы,
Не пробуждай в себе сам непогоды.

При многословии
        греха не избежать.
Болтун – находка
          беса и шпиона.
Кому спесивость не унять,
Тот не познал
    «Скрижали от Сиона».
Кто злобность уст своих
         привык лелеять.
Кто бурю болтовнёй
может посеять.
Кому язык большой достался,
Что больше головы
порой казался,
К тому священный дух
           не прикасался.
Нечистому несчастный
       тот достался.
Ты помни – слово
      как гангрена.
Калечит души,
      рвёт сердца.
Не будь ты в роли
      бедного глупца.
Взгляни   наверх,
Услышь веленье
     мудрого Отца.

«Счастьем» свободы не упивайся.
Страстью мирскою не загорайся.
От полной свободы разум глупеет.
Сердце в разгуле страстей слабеет.
Да полной свободы и не бывает.
Смерд на смерда управу знает.
Один упросит, другой обманет,
Третий лестью в рабство затянет.
Мудрый философ из древних дней
Правду сказал о свободе твоей –
«Свобода не сильного милость –
Это осознанная необходимость».
И основавший суть бытия
Знает, что значит свобода твоя.
Нам «Конституцию» Истинный дал,
Быть совершенными нам завещал.
Нет на земле тех законов мудрей,
В них воплощенье свободы твоей!

Вдохновлённым словом вас уводят,
Яркими примерами питают.
Музыкой до бешенства доводят,
Мудрости и кротости не зная.
Роскошью богатых развращают,
Смелостью беспечных увлекают.
Блуд и сладострастье предлагают.
И ведут туда, где тьма витает.
Души где бесследно исчезают,
На возврат для жизни не надеясь,
С Дьяволом судьбу свою разделят.

Береги мой внук, свою ты душу.
Ты закрой не опытные уши.
Вдохновлённых Богом только слушай,
И к чертогам Бога будешь пущен.
И к желанным всеми райским кущам.
Да услышит Бог мольбу мою,
Чтобы жил в духовном ты раю!

Ты знай,
      Господь для исправленья
Тебя примерно
           наказал (Евреям 12:4)
Отцовскую так милость оказал.
Бог верен слову, данному от века –
Сверх сил не искушает ни кого.
Простив несовершенство
             человека,
Он ждет раскаянья его.
Накажет он за грех,
Да раны перевяжет.
И узелки невзгод
Твоих развяжет (Осия 6:1).
Прощенье – правило его.
А коль для исправления
        накажет…
(тебя же трудно вразумить порой),
Благодари, тем милость он окажет,
Ты, значит, сын его родной.

Порядочность -
      сумма вещей простых:
            Доверие и солидарность,
Да вера, что нет на небе слепых,
И строгий контроль дел мирозданья.

Порядочность-
Мать с молоком даёт, но
          только если она с Богом.
А если нет - ребёнок сосёт
Предательство, ненависть, злобу.

Порядочность-
Редкий клад в пещерах людских душ.
Носители клада - сестра и брат,
Кто «Слово» бога всегда слушают.

Жизнь больному и умирающему,
Белый камушек побеждающему
(Откровение 12:17)
Бог святой обещал.
В небесах только верному
Белый камушек дал.

В эпоху римлян белый камушек
Как знак отличия давали,
С ним на обеды и триумфы
Знатнейших   рода приглашали.

Кто жизнь земную праведно ведёт,
С благодареньем Богу проживая,
В одеждах белых к Господу придёт
И белый камушек в награду получает.

Смерть всех от греха избавит,
                    (Римлянам 6:4)
Как избавляли жертвы в старину.
А в судный час
Бог выбор предоставит –
Жить   совершенным или
Быть сброшенным в бездну.
Он терпелив и милосерден.
И снисхожденье – красота его.
Нас создал он не для мучений,
Для славы дела своего.
Иди смелей под крышу смертный,
Где греет чистый Бога дух.
Последуй верному завету.
Включи своё и зрение и слух.
Все – кто без веры – слабы.
Тебя ж не одолеет человек,
Когда исполнишь кроткого заветы,
Что людям светят 21 век.

Нет добра без худа, худа – без добра…
Ты проси у Бога   мудрости с утра.
Чтобы не обидеть, словом не убить,
Слабому, больному душу ободрить.
Бедного насытить, сироту принять.
Павшего заметить   и поднять.
Всё добро от Бога мудрому идёт.
Глупый только копит, с этим и умрёт.

Не усталость беспокоит –
Мир суетный без покоя,
Без надежды, без любви.
Не богатство жизни стоит.
Мой Господь меня храни.
Жизнь дана по божьей воле,
Бриллиантом не цени…
Ты не дай мне Бог богатства
И не дай мне нищеты.
Лучше жить и наслаждаться
Мне при божеской любви.
Верой в Бога укрепляться.
Мой Господь меня храни.

Я всегда благодарна Богу
За жизнь, за свою свободу.
Что мне сделает человек,
Если Бог осветил мой век.
Я просила не стать мне нищей,
И богатства мне не давать.
Хлеб насущный даёт всевышний.
Разум и мудрость – вот благодать.
Да уменье всё в жизни делать:
Петь, плясать, рисовать, вышивать,
Диссертации защищать,
Генералам не уступать…
Быть врачом (говорили от Бога).
Хороша моей жизни дорога.
Я на Господа полагаюсь.
Все заботы ему отдаю.
И простить всех людей молю.

Давида – славного царя
        могила.
И рядом малый
        тронный зал,
Где по преданию Христос
Последний ужин
        братьям дал.
В нем мусульманин
        правоверный
Творил моленья ритуал.

Господь –«дающий становиться»,
Таким он именем себя назвал.
Нам чёткий знак единства дал.
        Под флагом доброты
        объединиться
Иерусалимским камнем он призвал.

Давид, Христос и Мухамед
На малой площади земли
Свой прах объединили,
Как зов к единству нам явили.

Стекает шёлком борода на плечи.
И зелень глаз – шлифованный нефрит.
Красивый, стройный и влюблённый
Давид под аркою окна стоит.

И восхищённым, жарким взором,
Сгорая в пламени любви,
Он ловит каждое движенье
Версавии в струях воды.

Давид, Давид, услышь же Бога.
Прелюбодейство - это грех.
Усилий надо чуть, не много…
Взгляни на Строгого. на верх.

Зачем ты душу свою губишь
В обмен на прихоть тех минут.
И ты наказан вскоре будешь,
А страсти плотские пройдут.

Не совершенен   внук Адама.
И плоть для мудрости – предел.
Так славный царь своих желаний
Сдержать Законом не сумел.

В день сотворения Адама
С любовью сделал всё творец.
Всё человеку было дано :
И сад цветущий и дворец,
Из драгоценностей наряд (Иезикиль 28:13).
Любви исполнен Бога взгляд.
И меж сверкающих камней:
Рубинов, яшм и янтарей
Ходило детище, и было
В раю красиво, тихо, мило.
Ласкал Адам зверей прекрасных.
Жары и холода не знал.
И не было минут напрасных.
Он милость божию познал.
И красоты венцом увенчан.
Как сам Господь был безупречен.
Был полон мудрости и сил,
Пока запретного плода не откусил.
Хоть по подобию был создан,
Наказан род был его грозно.
Предательства и непочтенья к Богу
Его потомкам всё не избежать.
Несут как штамм предательства печать.
История не учит ни чему…
И больно видеть это Богу моему.

Бог видит всех ясней.
И даже в чреве матери твоей
Общался он с тобой, как с ней.
По милости и мудрости своей.
И если сердце твоё бьётся
Отмеченную сотню лет,
То это Богом всё даётся
Вливает в твой «пейсмекер» свет.
Открой и ты глаза упрямый.
Взгляни на брата с мерой доброты.
Смотри, как кроток был наш «Правый».
Не упади с надменной высоты.
Однажды не помог бедняге,
Или не внял страданьям сироты,
В суде помог убийце или скряге-
Не Ангелов ль обидел ты.
Глазами Бога ты смотри на равных.
Мы все вкушаем Бога доброты.
Закон такой один из главных,
Что послан с Божьей высоты.

Сколько раз прощать
        ты должен,
Тех, кто обижал?
Может 7
       а может 10 ?
Вот и Петр не знал.
А Христос учил нас
Мудро. Кротко поступать…
К вечеру
       к заходу солнца,
Всем и всё прощать.
И прощать не 7
        не 10,
           чуть не сотню раз…
Как и Бог прощал народу,
Хоть имел Он власть.
Блуд, предательство,
        коварство.
       всё прощал ему…
И терпеть пришлось
Так много Богу моему.
Ну а если твой обидчик
Тоже был, как те, упрям,
Так ты знаешь, что при этом
Непослушник жал…

Бедных наделил крепкой верою.
Кротким силы дал, души смелые.
Бережёт добром в мире грешном
Удержать тебя в царстве вечном.
Верным обещал жизнь райскую
На земле, всегда солнце майское.
Для души слова ласковые.
Жизнь счастливую и прекрасную.
Не страшили чтоб люди грешные.
Не топили чтоб воды вешние.
Бури космоса не касалися.
Краски радости не смывалися.
Верой в истину прославлялися.

Сказал Энштейн, известный гений,
«хотел б я знать, как Бог творил».
В нем непослушного Адама гены,
Запретного плода познания вкусил.
(В раскаянье свой путь он завершил).
Теперь уж признают величье Бога.
Скопленье горе - бунтарей.
Они почти уже не спорят
Об эволюции из обезьян людей.

Бог жив. Одним века не ведом,
Другим в природе заповедан.
А со счастливыми дружил.
(Авраама дружбой одарил).
Своё Он имя освятил
В красе земли, в пространстве неба,
В галактиках,
В законах звёзд.
В кристальном совершенстве снега,
В полезном громе майских гроз.

На нашей планете
Живём в тесноте…
Ты сделал лишь шаг –
Растоптал
       мироздание.
Вон руку к приветствию
             тянет бедняк,
А ты убиваешь его
            не признаньем.
Иль рвёшь не спокойное
Сердце его,
         преодолев
          в состязанье.
Всё ведомо Богу.
Нам крохи
       от знанья.
Нам малость
         от света
В его мирозданье.
Взрослеть нам с веками
Богом дано…
Сейчас мы лежим
        в колыбели его…

Почему много зла на земле?
Почему ещё столько страданий?
Почему мир всё больше в войне?
Как трактует от Бога преданье?
Зреет к жатве ещё поле Бога,
Подрасти урожаю немного,
Не скосила чтоб в гневе рука,
Злак, не отличный от сорняка.
Что бы многие
                 из сбившихся прозрели.
И поняли, что грех не одолели.
До жатвы чтобы все созрели,
Раскаяньем в грехах себя спасли.
Тогда Господь разделит всех,
А не грешивших
                          с исстари не много,
Прощенье по милости лишь Бога
(О! Не святыми полнится земля).
Любовь Его – спасенье для тебя.
Не удивляйся злу и войнам.
Хозяин – Бес
                 в сём мире беспокойном.
А ты веди себя достойно.
Не удивляйся
                 голоду, засухе, нищете.
Ты Богу дань отдай, не суете.

Порой на поле бедняка
Родится тоже много хлеба…
Похлёбка же его жидка…
Под совершенным
                    щедрым небом.
Погибнет он от беспорядка,
Без мудрости нужда
                    и неполадки.
Порядок заповедан нам
Создателем земли и неба.
Порядок – вот основа там,
Где воинство
                    священного ковчега.
Он в формулах
                    материи и массы.
Расставил всё
          на виды и на классы.
Всех разрушает,
          кто противится ему.
Творец, не подчиняясь
                    ни кому,
Порядку верен одному.

«Блаженен битый и гонимый»-
Слова библейского истца.
Несёт в себе
                он сущность мира
По воле мудрого Творца.
Он сын любимого Отца,
Не защитив лица
и не сломав
                тернового венца,
Гонителям предрёк
Унылый рок
                    бесславного конца.
Врага накормишь,
                    обогреешь своего,
Горящий уголь
                    сброшенный с небес,
Насыплешь ты на голову его.

Жаль мне тех,
      кому некому
           что либо подарить.
Жаль мне тех,
      кому не с кем
         о добре говорить.
Доброту на замок
         не закроешь.
Любовь в кармане
         не скроешь.
Добрый найдёт
         и просящего,
И добро ему приносящего.
Добрый умеет любить,
Счастлив, кто любит дарить

Большее счастье давать,
    (Деяния 20:35)
Больше радости быть приносящим,
Чем сидеть у порога просящим.
Лучше милость иметь отдавая,
Чем хандрить, над сумой изнывая.
Если ближнему ты не помощник,
То закрыта тебе к Богу дверь…
Вон не копит добра и не грешник.
Богом созданный, жук или зверь.
Человеку не много же надо.
Все излишества – костная гниль.
За «сочувствие» милость в награду
И прекрасная райская быль.
Да не скудеет у дающего рука
        (Питча 28:27)
Нам рассказали прошлые века.
И будешь счастлив ты, давая.
Такая истина простая.

«Будь счастлив в Боге и он исполнит желанье сердца твоего» Псалом 36.

Счастье знать, что легка дорога
У тех, кто чтит законы Бога.
Кто свет любви несёт с собой.
Во тьме мирской ведом звездой.
Он защищён рукой святой.

Как счастлив тот, кто Бога знал.
Не крал, не убивал, не лгал.
Вина и злата не желал.
Не знал жены чужой иль мужа.
С молитвы начинал свой ужин.

Как счастлив тот,
кто с Богом дружен.
Благодарит за то. что был тих день.
Что не коснулась злого тень
В пути, назначенному Богом.
Благодарю и я за лёгкую дорогу.

Кто расположен к вечной жизни
стал верующим. (Деяния 13:40)

Вера в Бога –
            божие избрание.
Верят   только тем, кому дано.
Только те, кому Отцовское
               приданое-
Вечно жить счастливым суждено.
Нас от чрева матери нарёк Он,
Дал нам имя, разум и судьбу.
Каждому, как любящий родитель
Светлую, красивую звезду.
Сатана лукавый миром правит
И печать греха кому то ставит,
Штампик генный, горестный порок.
От Адама мы несём упрёк.
Пьянство, воровство, разврат, бесчестье
В этом грешном поднебесье.
Господи, ты жребий назначаешь.
Всё ты видишь, слышишь, знаешь.
Судьбы наши – бездна пред тобой.
Дай нам, Господи, твоё избрание
Жить с благочестивою судьбой.

Средь преданных ему людей
Царит один Господь прекрасный.
Не будет скоро нынешних царей.
Уйдут они. как день вчерашний.
Данный Господом дух неизменен.
Он на срок телу бренному вверен.
Он у Бога храним в сосудах
Не доступных безбожному люду.
Наша жизнь – это божья строчка.
Что прошита слабо иль прочно…
Но тобой, твоими делами.
В них порочим себя или славим.
Нити жизни ты сам выбираешь.
Сам своею судьбою ты правишь.
Если выбрал не прочную нить,
Жизнь не сможешь без бед прожить.
Втрое скрученная нить прочна-
Это Бог, Христос и ты сама.

И Моисей ещё сказал
«Ты должен ближнего любить»
                              (Левит 19:18)
Но даже друг Христа не знал,
Кто ближним может быть.
Живущий рядом с вами в доме,
Иль давший в чёрный день заём.
Или простивший долг на троне.
Приятель в окружении твоём.
Кто в дни упадка иль на взлёте
Вам милость от души явит
Того вы ближним назовёте.
И Бог его благословит.

Кто ближнего любить не научился,
Кто друга за понюшку продаёт,
На встречу с счастьем не придёт.
И в книге жизни места не займёт.
Предавший дружбу пусть
              живёт с позором.
Он осуждён последним приговором.
(Как точен наш обласканный поэт).
Такого псалмописец осудил.
Отравлен ядом их глоток последний.
Умрёт для Бога тот, кто пригубил.

Покой души и пониманье близких –
То счастьем называл   поэт.
Родных Господь нам дал на век.
А близких выбирает человек.
Предательства и зла
                                   того судьба не знает,
И счастлив тот вполне,
кто выбирает от юности ходить
Среди своих.
Другим длинна дорога к счастью.
Коль выбирали ближних не учтя,
Что ближний – это тот,
                                        кто и в ненастье
Самаритянин добрый для тебя.
Но верному приходит помощь Бога.
В святой, намеченный, урочный час.
Коль следует законам Бога строго,
Одарит близким другом вас.
Будь благодарен Господу за милость.
Не уставай добру и истине служить.
Коль среди близких
                                   благодать явилась
Остаток жизни счастливо   прожить.

Ох гадалка ты, гадалка.
       чёрная душа.
Сатане раскрыв объятья,
Погибаешь, в ад спеша.
Бог сказал через пророков
         мерзость для него
Ворожей и ведьм пороки.
Веришь ты в кого?
Чёрту душу доверяешь.
В испытаньях и страданьях
Жизнь сама ведёшь.
Метит Бог гадалку – ведьму
        внешность её :
Бородавки. злые глазки,
И страшна, как чучело.
И душа её гневлива
        зависти полна.
И терзает днем и ночью
Её Сатана.

Не верить – это тяжкий грех.
Не помнят это в суе люди.
Поднять готовы верного на смех.
За грех потом расплата будет.
Меня так больно недоверье ранит.
Не верят чаще те, кто сами врут.
Не проживёт иной, коль не обманет.
Не станут врать, так от тоски помрут.
За мною недоверье бродит
И портит настроенье в ясный день.
На душу мне печаль наводит,
Как на цветок растущий тень.
Вот муж иной в вранье своём
Вины или греха не видит.
Других клеймя изменою всегда,
Поднять любую юбку наровит.
А тех, что верны , ненавидит.
Как много в ревности вреда.

Кто ты,
                что гневно осуждаешь
Слугу чужого ты бранишь.
Иль век прожив,
                            еще не знаешь,
Что Богу,
                    как и он, принадлежишь.
Бог для суда избрал особых,
Лишь им назначенных людей.
И не тебе судить, убогий
Своих и ближних, и друзей.
смотри у брата замечаешь
Пылинку малую в глазу.
Но брёвна сам в глазах таскаешь,
Сгорят они в священную грозу.

Не колите душу грубостью,
Не скребите своим подозрением.
Не сверлите иглами глупости,
Не рубите своим презрением.
Не уменьем не делать зла,
Не умением тупого козла.
Не умением не хамить.
Не умением дарить и любить.
Не умением хранить божий дар.
Бог вам
            веры и правды
                        не дал.
Мир ваш вечный скандал.
Человечество – сходка вандалов.
Чистых душ на земле очень мало.
Не терзайте же душу мою.
Я Заступнику песню пою.
Твёрдо в вере свое я стою.
Стрелы зла без труда отражаю.
Если Господа я уважаю.

Сеющий ветер – бурю пожнёт.
Гневное слово к бедам ведёт.
Ярость и злобу глупый умерь.
Бога «подобие», ты же не зверь.
Что предаёшь ты родного Отца,
Что же ты портишь изделье Творца.
Мудрости мало – проси у Него.
Глупому гневное сердце дано.
В зеркало глянь, яростный смерд.
Люб ли всевышнему этот портрет.
Разве такого он создал из праха
Символ позора, несчастья и краха.
Резвее такому Он душу придал.
Кроткого сына в спасенье послал.
Ты же подобен Ангелу злому.
Ты же противник Отцу дорогому.
Хуже свиньи в его доме живёшь.
Ветер ты сеешь и бурю пожнёшь.

Сколько ходит по земле созданий,
Не поднявших глаз от суеты.
Что не восхищались мирозданьем
И творцом вселенской красоты.
Интереса нет у них ни к Богу,
Ни к творенью его мудрых рук.
Он не видит далее порога.
Подпиливает свой истлевший
В невиденьи сук.
Встал, пошёл, увидел, встретил…
И подкачка мышц по выходным.
Да по телефону пара сплетен…
Весь в себе,…он без отметин.
Только ты всегда его узнаешь.
Он с невыразительным лицом.
Познакомить с Богом предлагаешь…
Тут предстанет полным подлецом.

Религия в мире сейчас разделяет.
Религия в мире сейчас раздражает.
Умы убогие коварством заряжает.
Почтенье к Богу фишкой заменяют.

Купаясь в роскоши и пьянстве,
Церковники уроды в христианстве.
Педофилия – символ грязной страсти.
Венчает мерзких Богу без опаски.

Обжорство, сребролюбие, бесчестье
Как цепи на стопах лжехристиан.
Веками их питает мракобесие.
Но скоро Бог раскроет их обман.

И Вавилон великий скоро рухнет.
И под обломками великой суеты
Погибнут все, кто от обжорства пухнут,
Кто с Сатаной сейчас на «ты».

Что было первым?
Отреченье,
    в воинственный
        двадцатый век?
Что было первым?
Правды искаженье…,
Иль развращённый сытый
        человек?
Что было первым?
Неуверенность Адама?
Иль сила злобы Сатаны?
Что было первым?
Иль безбожность мамы?
Потом преступность
    деток всей земли?
Конец заложен ли
        в начале
Иль что то
    начинается с конца?
Беды начало-
    это не желанье
      сверять дела
      с законами творца.

Содом и Гоморра
              сгорели в огне.
Народ обманутый
              царей покинул.
Так за разврат,
                  обман   мы
Платим все.
Обманутый спасён!
Обманщик сгинул!
За недоверье
          каменеют силы.
Мы превращаемся
              в солёные столбы,
Как из народа хибру
              эта дива,
Что оглянулась
          не поверивши
                  святым.
Обман, разврат
              и недоверье Богу –
быть может
              главных три греха.
Им в рай
          не открывают двери.
Но люди думают
              что это чепуха.

Век Сатаны сейчас в разгаре.
Ежеминутно на земельной длани
В насилье, войнах гибнут 100.
100 тех, которых мать любила,
100 тех, что в муках родила.
Которым по желанью Бога
Для счастья, мира жизнь дала.
Но в пасть отступнику пустила,
От Бога счастья отняла.
Вина её – безбожницей жила.
100 раз на час тому злодею
Быть правым в споре помогла.
Была завистлива, сварлива.
Ценила злато, не любовь.
Клялась, судила и блудила,
Забыв, что с неба видит Бог.
И сыновей своих пустила в
Войска противника любви.
Корыстью. Гневом и обманом
Открыла путь им в царство тьмы.

«Земля ни на чём не подвешена»
Сказал ещё Бог Моисею (Иов 26:7)
Но христиане
            в бешенстве
                        клеймили
Коперника и Галелея.

Сказал, чтоб любили ближнего.
Сказал, что убийство – грех.
Врагом же Христа движимы
Крестоносцы громили всех.

Сказал : « Не твори кумира».
Но этим живёт человек.
Поэтому нет у нас мира.
Поэтому кроток наш век.

Не мало умных, благородных
Востоковедов знала прежде Русь.
И было чем полнить их оды.
Хваля востока красоту и мудрость.

Но как пустыня без осадков,
Засох восточный тонкий ум.
Там мракобесья громки залпы.
Имам там полон злобных дум.

Хаям, Ибн-сина, Улукбек…
Могилы ваши – горя ямы.
Что полны крови
                всех людей земли.
Что значит позабыть
                величье,   мудрость
                        старины.

Не вы, бряцающие силой.
Не вы, влюблённые в себя.
Не вы, надменны до могилы,
Лишь злато, почести любя.
Не вы наследуете землю.
Уйдёте в прах и забытьё.

Блаженны слышащие Бога,
Законам верные его.
Наследство даст
   по обещанью
Не тем, кто злато накопил,
А кто сыновье уваженье
К отцу святому проявил.
Вкушая сладостную долю
Усыновлённого царём,
Исполнил в жизни
               Бога волю-
Благословение на нём.
Он кроток, счастлив
               без парадов.
Он жезлом власти не стучит.
И как чудесную награду
В наследство рай
       земной получит.

Вот Рузвельт интереса ради,
Закончив речь, решил узнать.
Среди стоящих для рукопожатья
Есть кто либо, кто мог его услышать.
И речь его, столь важную, понять.

И больше часа руки пожимая.
Он фразу постоянно повторял;
«Убил
      вчера
          свою
              гранма я».

Никто в толпе его не слышал.
С почтеньем всякий отвечал;
«О превосходно, продолжай, ОК,
Мы так горды работою твоей»

Вот так никто не слышит Бога.
Не потому, что он не говорит,
А потому, что как ему взбредётся
Глухой безбожник жизнь творит.

С ухмылкой по расколотым сердцам,
Безжалостно ступая грубо.
Идёт жестокий человек
И укорачивает чей то век.
И множатся пороки многих лет.

Отступникам, отцам
                    кровавых Каинов
Раскалывать сердца
                    приятно и не трудно.
И зло вершить с
                    упрямостью баранов.

 Но близок день тот судный,
Творящим ужас безрассудно.
Носители греха, предатели- Адамы,
Виновники всей нашей драмы.
Судьбою евнухов накажутся бесславно.
Парады геев, лесбиянок
Их кары близкой признак явный.

С надеждой
на спасенье жить.
Любовь
      и милость
             к павшим
                    проявляя.
И верой
          кротким
               путь светить.
Свидетелей
           миссия
                 не простая.
Но   Бог даёт и силу и терпенье.
И каждому по дару разуменья.
Нет,   не свернут
          с божественной дороги!
Им помогают вновь и вновь
Три верные сестры при храме Бога
Надежда, вера и любовь.

ГЛАВА 4

ОБ ИЗЯЩНОМ
Я просил у Бога…созерцать красоту

(Псалом 28:4)

Подрос человек, чуть понятливей стал.
И Бог как подарок звуки послал.
Её уловили лишь те, что с отметиной.
Лишь те принимали, кто Богом замечен.
Они записали, всё миру раздав,
Ничто не придумав, а просто приняв.
И теперь мы легко узнаём,
Чем от Бога он был одарён:
Вот лодка с мистерией Бартока.
Там Брамса звенящий баркас.
Бетховен – энергии глас.
Милейшего Грига чертоги.
Чайковский был Лелем у Бога.
Шопен – как изящная истина.
И Шуберт как мыслей пучина.
Стравинский с хохотом клоунских штучек.
И Моцарт, как лечащий лазерный лучик.
Готический Бах и мерцающий Шумен.
Рахманинов – свежестью после дождя.
Сальери, заботливой мыслью вождя.
А Паганини, как россыпь галактик.
И Шестакович – мечтатель и практик.
Равель – мощный пульс миллионов людей.
Глинка которого нет умней.
Всё расписал нам всевышний Отец.
И прекратилась раздача.
Он передал свой звучащий венец
Тем, кто родился с удачей.
И бесятся в роках,
в крикливом припадке,
Ловящие жалкие звуков остатки.

Скорбела Вена…
Умер Штраус –
Мазурок, вальсов признанный король.
На третий день   родился   Пушкин –
Король словесности,
                                    трагический   герой.
И   оба пылко увлекались,
Срывая спешно юности цветы.
И   оба лишь   одной сказали:
«Ты   гений   чистой красоты».
Два ярких светоча во мраке.
Не зарастёт к ним любящих тропа.
«Великое» творили
    лишь во фраках.
От «джинсовых» ребят лишь
                подмастерьев   работа.

Ягуде Монухину

О, великий. О, волшебник!
О, прекраснейший скрипач!
Ты волнуешь мою душу.
То она несётся вскачь!
То приказывает – плачь!
Ты бросаешь её с кручи.
Держишь тёплою волной.
И несёшь то свет, то тучи.
Как мираж в пустыне знойной.
Смерть и жизнь соединяешь
Чудной, страстною игрой.
Мигом к жизни возвращаешь
Из минуты роковой.
Стоит жить переживая
Этот праздник и покой!
Ты великий старый мастер
Дал познать нам мир иной.
И текут за звуком звуки
Зыбкой, пенящей волной....

И пока это есть
Не настанет конец...
Спасибо .О! Мастер-
            ты молодец.

О российские песни!
Как вы дороги нам.
Песни юности нашей.
Нет милей вас и краше!
Не ненастья бы если,
Не   ушли бы
          к чужим берегам.
О   российские песни!
С болью в сердце
               вливаетесь вы.
Нет России   чудесней.
Но и нет несчастливей
                    судьбы.
Голод,   смерть
     и   коварство.
Холод, слёзы
          из года в год.
Грубость, глупость
                и   хамство
То белых, то красных
                    господ.

Канал 866,
В моем директ тиви есть.
Там классики звуки,
Там вечная прелесть.
Спасают, врачуют средь белого дня,
И утешают к полночи меня.
Не хлебом единым живёт человек.
От Бога нам музыка, радость на век.
Мудрость, любовь, надежда и вера
Всевышней рукою в ней
                 стожена мерой.
Порядок в ней сила и смелость.
В ней радость и мир и покой.
Защита для нашего хрупкого сердца.
С ней можно и в стужу,
             в ненастье согреться.
С ней любящий Бог
            захотел поделиться.
«Подобию» дать
         красотой насладиться.

Учитель славный. Пушкин мой
Сказал с открытою душой:
«Поэзия должна быть глуповата».
Я думаю хотел утешить брата.
В стихах его высокая культура.
Как хороша сртапе- за-тура.
Слог полон силы, состраданья.
Не вянет цвет стиха века.
Не зарастает чувств тропа.
К поэта умного преданью.
Скольжу по милым
            сердцу строкам.
Здесь на чужбине –одинока,
Я вижу лица, горы, дали,
Что эти строки описали.
Никто не может их понять.
И гениальность   передать
Не чутким, глупым переводом.
Душа он русского народа.
А мне источник вечной силы.
Он как   костёр неугасимый,
Что греет душу всё теплей,
С закатом уходящих дней.
Он для меня –
            спасенье в море…
Моей не лёгкой
            иммигрантской доли.

Я Есенина не читаю…
Его пьяной правды боясь…
Я Ахматову почитаю
За её стихотворную вязь.
Пастернака воспринимаю
Роскошью пышного сада.
Мандельштам испытал меня
Солнечным адом.
Гостю Пушкину вечно я рада.
Ося Бродский – моя   отрада,
(Мне сказал   комплемент
У чугунной ограды)

О поэты! В загробном мире
Видно, все вы едины,
Как глас!
Разбросав по земле
Свою мудрость,
Ждёте мудрости всходов
От нас!.

В музее Чурлёниса. Вестибюль,стена белеет.
Вас встречает в рамочке портрет.
Перед взором глаз душа светлеет.
Жаль, он прожил мало лет.

  Бледно-сине, красно-голубое,

  Палево - оранжево вокруг.

  Музыкой мазка он сказал такое,

  Что понять не каждый может вдруг.

Взгляда мало, надо стать надолго.
И забыть суетность у картин.
Надо отрешиться и умолкнуть.
Будто в мире ты сейчас один.

   Встанет «Правда»   яркою свечою.

   Вспыхнет моря радужность волны.

   Знаки зодиака чередою

   И «Сонеты» солнца и весны.

«Тишина»- как бежевая вечность.
Как спокойное стремленье в никуда.
«Одуванчик»- маленькая нежность
Там где жизни даже нет следа.

   Женщина, с чертами Нифертити,

   Что так облачно легки.

   Руки - словно ласковые птицы,

   Солнце людям щедро поднесли.

Доброта его сопровождала.
Но в картинах грусть видна.
Будто знал, что будет жить он мало.
Вечность только красоте дана.   1976 год.

Джек Лондон. Кумир, исполин.
Быть может на свете
        такой был один.
Неугомонный, неистовый,
Большой, красивый и искренний.
Костром в ночи веков пылал.
Любовью, честью, благородством
Весь мир его большой дышал.
Он мужествен и честен
Был в жизни и любви.
Был щедр и беспокоен,
Он всем прощал долги.
Быть мужественным надо,
Чтоб жизнь его прожить.
От щедрости от Джека
Сумели сотни жить.
Он был богат и беден,
Любил, как мудрый маг.
Мечту о благородстве
В рассказах миру дав.
Мне жаль того, кто
Джека не знал и не читал.
Он что -то очень важное
О жизни не узнал.

В Лонгайлонде в тиши у кипарис
Я вспомнила отеческих актрис.
Вот Телегина Валя – ее роли на бис.
Вот прекрасна и женственна Л.Смирнова,
Величава и песенна Л.Серова.
Ларионова с нежною кожей матовой,
И Тарасова «Без вины виноватая».
Я не знала Нежданову, лишь портрет ее
Помню в театре на улице Ракова.
Её выправку гордую и плечи покатые.
 А дворянка Любовь Орлова
Заняла у мужчин много снов.
Чтоб сказать о её обаяньи
Не найти подходящих слов.

Кардиохирургу Г.Фольковскому.
Всё до сантиметра просчитав,
Как природа ладно нас скроила.
Избранным свои ключи вручила,
Исправлять ошибки поручила.
Золотым сеченьем обручила.
Тем кредит на долголетье дав.
Держится весь мир на том сеченье
И на ваших   золотых руках.
Дай Вам Бог здоровья и уменья
И от окружающих добра.
Чтобы они только помогали
Вам творить прекрасные дела.

В защиту Натальи Николаевны
      Пушкиной.

Ты за что громишь её « Психею»,
Грубоватым скрипом стих-пера.
Даже думать больше не посмею,
После этих строк,   что ты умна.
Восторгался ею мудрый Пушкин.
Вкус поэта был отменно строг.
На тебя нечёсаную бабу
Он без ужаса смотреть б не смог.
Красота не угождает вкусам.
Красота , как и любовь –наш Бог.
Красоту не трогают укусы
Взбалмошных кикимор и дурёх.
Ты, Цветаева, отринута своими,
Стонешь где то в жалком уголке.
И звенишь расколотой судьбою,
И скулишь в своём   «недалеке».

ПРОШЛОЕ

Павел 1
Николай Павлович
ПОСЛЕ ПРОШЛОГО…32

www.ingramcontent.com/pod-product-compliance
Lightning Source LLC
LaVergne TN
LVHW020057090426
835510LV00040B/2106